西方音乐家

◎马幄／著

那些事儿

中原出版传媒集团
大地传媒

河南美术出版社
·郑州·

图书在版编目（CIP）数据

西方音乐家那些事儿 / 马幔著. – 郑州：河南美
术出版社, 2014.12（2020.6）
（轻松读艺术 / 杨宏鹏, 郭善涛主编）
ISBN 978-7-5401-2941-5

Ⅰ.①西… Ⅱ.①马… Ⅲ.①音乐家 – 生平事迹 – 世
界 – 通俗读物 Ⅳ.①K815.76-49

中国版本图书馆CIP数据核字（2014）第191994号

轻松读艺术
西方音乐家那些事儿
马幔 / 著

责任编辑：陈　宁
责任校对：吴高民
装帧设计：陈　宁　葛文璐
出版发行：河南美术出版社
　　　　　　地址：郑州市经五路66号
　　　　　　邮政编码：450002
　　　　　　电话：（0371）65727637
设计制作：河南金鼎美术设计制作有限公司
印　　刷：三河市同力彩印有限公司
开　　本：787毫米×1092毫米　16开
印　　张：10
字　　数：180千字
版　　次：2014年12月第1版
印　　次：2020年6月第5次印刷
书　　号：ISBN 978-7-5401-2941-5
定　　价：35.00元

目录

序言
孤独的灵魂多么寂寞

音乐是世界通用的语言，每一个音符、每一个跳跃与转折都会瞬间击中听众内心最柔软之处。音乐让听众在一片氤氲着月光与雾气的氛围里卸下层层盔甲，摘掉脸上僵硬的面具，展现灵魂最柔软与最真实的地方。

如果说音乐是药，那么它是毒药还是解药？时而激情澎湃，时而婉转哀怨。它像是让人灵魂出窍的毒药，让我们沉浸其中飘飘欲仙，仿佛在生与死之间来来回回，在三界之间飘荡，看遍天堂杳渺、地狱残暴、世间红尘；它又像是解药，给这苦难的人生开了一剂良方，闭上眼睛，聆听每一个音符，似乎能感受到山涧清风、松间明月，于是其他的一切都已变得不重要。不论如何，世人都已甘之若饴。

音乐种类太多太多，节奏不同，韵律各异，表达手法千差万别。古典音乐、爵士乐、摇滚乐……这些风格各异的音乐类型以自身的独特魅力影响着热爱它们的人。每个人都有独特的喜好，而本书仅从西方古典音乐这一角度与读者分享。

音乐家太多太多，他们在时光的消逝中变得更加伟大，显现出更为耀眼的光辉。神童莫扎特、狂人贝多芬、诗人肖邦、先驱德彪西……这些闪耀着光芒的名字为后世留下了丰富的宝藏，让生活也像音乐一般美好起来。

喜爱音乐的人更是数不胜数，世界上的任何角落，有人的地方就有喜欢音乐的人。西方人爱歌剧，中国人爱戏曲；老年人爱婉转小调，年轻人爱新奇独特；男人爱豪迈万千，女人爱抵死缠绵。

而音乐家是寂寞的，他们在漫长的岁月中也许经历了诸多苦难与无人能理解的孤独。

比才的孤独多么忧伤。"作曲家在创作时是全力以赴的。他轮番地经历了相信、怀疑、热心、绝望、欣喜和痛苦。"说这句话的人是写下歌剧《卡门》的作者乔治·比才。《卡门》的上演次数堪称世界之最，然而生命有限，一代音乐大师比才英年早逝，38岁便憾别人世，只有他的乐曲流传后世永驻人间。

肖邦的孤独似乎是宿命的。他是巴黎这座城市里一个孤独怪诞的人，也是这个经常弥漫在雨水中的城市里一片温柔的星光。报纸不止一次报道了他逝世的消息，他只是面带微笑，但许多人却读不懂他，巴不得他已经死去。"看到我还是个活人，他们真感到为难。"肖邦这样说。他的灵魂在音乐厅中飘荡，优美的音乐如同火焰在风中舞动。批评家抨击这样的音乐，而诗人和孩子却理解他。"让批评家们笑话去吧"！有一天，这些曾经尖酸刻薄的批评家会明白，有些音乐是要用灵魂才能感受。"因为你的财宝在哪里，你的心也在哪里"。你的身体腐朽，灵魂却不泯灭，藏在每一首曲子，每一个音符之中，追逐你的诗与远方。

柏辽兹孤独温柔却又抑郁。"我的音乐的主要特点是富于激情的表达方式、强烈的热情、有生气的节奏和出人意料的转折。完整地演奏我的作品需要极端的精确性、压抑不住的活力、有所控制的猛烈、梦幻般的温柔以及几乎是病态的抑郁。"这是柏辽兹对自己的评价，这些话语诠释了柏辽兹音乐中难以诉说的气质。鬼怪的乱舞已经开场了，魑魅魍魉轮番上阵，像是一首祭奠亡灵的悼歌。魔鬼与狂徒们索性将这一切变得更疯狂，在群魔乱舞的喧嚣中结束这一切。然而这不过是柏辽兹生命中的插曲。

可是音乐到底是什么，谁又能给出一个准确的定义呢？

也许音乐就是生活吧。人们的生活总是跟音乐紧密相连。古有伯牙子期的故事流传千家万户，当下人们总是时时刻刻塞着耳机，声音经由耳朵传入大脑，心脏也随着节奏跳动，仿佛给生活注入了新的养分。也许人生艰难，处处碰壁，可音乐就是有这种魔幻的力量，让我们打起精神，收拾行囊，擦干眼泪，再次出发。

或者音乐是内心的某处神经。世界纷纷扰扰，道路千千万万，我们似乎在这滚滚红尘中迷失了自己的内心，本该透明无瑕的心灵早已沾满尘埃，而音乐使污浊的心灵得到洗涤，它像一场洗净天地万物的大暴雨，将内心每一个缝隙的尘埃冲刷干净，让心房获得新生，重新跳动。

又或者音乐是记忆。记忆里总要有这样一个夏天，树木遮天蔽日，阳光明媚温暖，大雨冲刷过的城市街道很干净，空气很清新，你牵着我的手有一层薄薄的汗，总要有这样一首歌，陪伴我们度过整个夏天。大妈在夏季夜晚跳广场舞时播放的音乐，也在记忆中蔓延成一片带着夏天味道的花海。

也许音乐不是什么，只是让我们回头看见了真实的自己。我们丢了很多东西，丢掉旧照片，忘记过往的曾经；丢掉戒指，忘记感情；丢掉日记，忘记回忆，也忘记了自己。可能唯一丢不掉的就是这些萦绕在脑海里挥散不去的音符，它们在我们心中盘桓扎根，发芽开花，结出生命的果实，酿成生活的美酒。如果心是一片海，音乐是所有的水和鱼，是音乐让我们的生命更动听。

音乐比语言更纯粹，所有花言巧语、巧舌如簧的赞美到最终都只是"词穷"。

出于一颗热爱音乐艺术的心，写下若干闲言碎语。希望能把优秀的音乐艺术以及他们的故事分享给读者，不足之处恳请大家批评指教，共同学习。

约翰·塞巴斯蒂安·巴赫（1685—1750）
谁像我一样努力，谁就可以有我一样的成就

一切形式的音乐，其目的都应该是歌颂上帝的荣耀。

——约翰·塞巴斯蒂安·巴赫

听巴赫的音乐，仿佛你眼前永远流淌着清澈见底、宁静隽永的溪水。巴赫的音乐，如孔雀石一样美丽迷人，如夜空下农民茅草房顶那冉冉炊烟，如无边草原上暖暖的地气在氤氲地袅袅上升，如云朵在天空摇摆。它如小溪一般，永远都是清清的、浅浅地流着，永远不会因为季节和一些外在因素的困扰而冰封干涸。

高尔基曾说："如果像山峦般地罗列伟大作曲家名字的话，我认为，巴赫就是其高耸入云的顶峰，那里，太阳在雪白耀眼的冰峰上永远发射出炽热的光辉。巴赫就是那样。像水晶一样莹洁、透明……"

1685年3月21日，欧洲音乐史上的伟人约翰·塞巴斯蒂安·巴赫出生于德国中部图林根省爱森那赫市的一个音乐世家。这个城镇虽然很小，但是市民却相当喜爱音乐。据说古代这里城门上竟然刻写着"音乐常在我们的市镇中照耀"的字样。巴赫的高祖就是个音乐迷，他非常喜欢弹奏齐特拉琴，哪怕是在干活时，也要带上他心爱的乐器。巴赫的父亲是位小提琴家，对音乐同样痴迷。家庭环境对小巴赫产生了巨大影响。巴赫家族祖祖辈辈都有著名音乐家，从16世纪中期到19世纪上半期先后出来50多位著名音乐家，其中包含作曲家、小提琴、手风琴、长

童年的巴赫在学习音乐

笛等乐器演奏家，他们遍布德国各地，对当时德国的音乐发展产生了深远影响，传到巴赫这里已经是第五代了。巴赫十分幸运，出生时小镇中已经拥有良好的教育环境，他在音乐熏陶中成长，父亲在他年幼之时，就开始向他传授一系列音乐知识。然而命运总爱给幸运之人找点麻烦，巴赫9岁时母亲去世，10岁时父亲又随之离开，这对于年幼的小巴赫来说是个不小打击。之后，他的兄长约翰·赫里斯朵夫承担起抚养小巴赫的义务。

尽管巴赫出生于音乐世家，可是父母相继离去后，哥哥却不允许小巴赫阅读学习音乐知识，巴赫无论怎样苦苦哀求都无济于事。有时候他只能趁着哥哥不在家中，或是深夜沉睡时，悄悄地拿着心爱的曲子，借着月光，偷偷地把乐谱一笔一画抄下来。一个年仅十岁并且丧失父母的孩子，竟然用这种方式来学习音乐知识，实在让人觉得可悲！这样酷爱音乐的小巴赫，如此执着追求音乐艺术，竟未能打动他哥哥。当哥哥发现弟弟一直在这样做时，他暴跳如雷，严厉惩罚了巴赫，并且没收他全部抄来的乐谱。

条件艰苦，身份卑微，为了接触到更著名的大师，小巴赫经常徒步几百里登门寻师求教，他的艺术成就完完全全是凭借自己坚定的毅力和百折不挠的精神获得的。

五年后，小巴赫15岁，他终于有机会离开哥哥家，走上独立生活之路。他只身来到位于德国北部的吕奈堡，以出色的钢琴、小提琴演奏技巧，很快就被圣·米歇尔教堂附设的唱诗班录取。在这里，巴赫一头钻进丰富的图书馆中，他像一块巨大海绵，全力吸取，学习到许多古代德国和意大利音乐家的优秀作品。从此之后，巴赫便暗暗下定决心研究创作理论，开始勤奋练琴。为了练琴，他常常彻夜不眠，节假日都要步行数十里去汉堡听著名音乐家演奏，以便自己更好地学习。

"一切形式的音乐，其目的都应该是歌颂上帝的荣耀。"巴赫曾这样说。巴赫所处时代国家四分五裂，劳动人民在黑暗统治下生活。巴赫崇尚耶稣，就算生活是如此艰苦，他也没有选择懒惰，破罐子破摔。他说："任何一个虔诚之人，如果他像我一样勤奋，就能做得像我一样多。"巴赫是在基督教的传统中成长的，他一直认为只有肯努力勤奋的人，才会有机会被上帝选入天堂。生活就是一种艰苦斗争，各种各样沉重势力总是力图把人按在尘土之中，从而迫使他甘于平庸。但是，巴赫却从不畏惧这些。

德国大剧作家、政论家莱辛曾经这样讲道："天才既是生在极端贫困的阶层，也是生在生活非常艰苦的阶层里。老天好像有意要在这样阶层里比其他阶层里出更多天才似的。"正是因为他有一颗不服输的心，有信仰，才使得巴赫不断前进。

巴赫生活在一个宗教势力极为强大的年代，宗教对他的影响不仅体现在人品之中，同样体现在他的音乐作品中。巴赫认为，世间万物都是上帝之创造、之恩赐，都在上帝的光辉沐浴之下，而音乐要歌颂的便是这种上帝创造的和谐。在巴赫心中，音乐就是他通向天国与上帝对话的云梯，就是一种奇迹。

《G弦上的咏叹调》就具有浓重宗教风格。《G弦上的咏叹调》是由巴赫《D大调第三组曲》中第二首乐曲改编而成。由于巴赫在世时总是默默无闻，导致许多作品在生前都很少公开。据说在宫廷舞会上，巴赫的大提琴不知道被谁做了手脚，除G弦之外，所有弦都被弄断了。大家都等着巴赫出丑，看他笑话，巴赫却仅仅用一根G弦即兴演奏了《咏叹调》。该曲子就是今天所说的《G弦上的咏叹调》（《G弦之歌》）。在1838年，大音乐家门德尔松在莱比锡亲自指挥公演巴赫《D大调第三组曲》，使这首被埋没一百多年的优秀作品重见光明。歌德听完这首曲子说："开头是这样华丽庄严，使人可以想象到一大群显要人物沿着长长的楼梯鱼贯而下。"也许只有歌德最清楚"G弦上的咏叹调就如同和谐自身的对话，就如同上帝创造世界之前，思想在心中的流动。就好像没有了耳、没有了眼、没有了其他感官，而且我不需要用它们，因为我内心这有一股律动，源源而出。"这种音乐使任何人都不能漠视他的存在。这部作品是《D大调管弦乐组曲》中的第二首乐曲，全曲共有36个小节，分为两个部分。第一部分有6小节乐段，乐曲是从渐弱转变为渐强，调子回旋婉转。我们似乎看见，巴赫孤身一人在寂静教堂中，默默地沉思、幻想。第二部分共有12个小节，前面6个小节在音乐中多次出现切分节奏，调子起伏较为明显，增加悲凉哀伤的情绪，不过持续保留着第一部的速度、力量。后6个小节，有种激昂前进之意，慢慢在这种自信高昂的情感中结束。这部作品时间相当短，但是情感非常到位，余音绕梁，让人们回味无穷。

巴赫惊人的琴技和即兴才能让他在德国有了一定知名度。人们开始议论巴赫，说他是一个非常出色的管风琴师，他可以用拇指和食指奏出颤音，他还有德国人羡慕的高大壮实的体格。不仅如此，巴赫还是一个相当随和的人。有人评价他说："巴赫绝不是你们那些容易冲动、形容枯槁的音乐小老头儿，而是人民中一个强健、热诚、肌肉发达，像是坐在熔铁炉风箱前的铁匠。"人们忘不了这样一个小老头儿，更忘不了巴赫是如何让那个自命清高的法国管风琴师马香有自知之明的。当时巴赫还在魏玛宫廷担任首席乐师，有一次他到外地巡演，刚好碰见著名管风琴乐师马香。马香自命非凡，高傲冷漠，让许多有民族自尊心的德国音乐家对他极其不满。不过，由于他在宫廷颇受欢迎，没有人能说什么。这时，马香听说巴赫管风琴也颇有名气，高傲的他便想与巴赫一较高低，巴赫欣然接受。这倒使一贯自大的马香紧张起来，因为之前他从未认过输，思前想后，害怕当场出丑的马香压根就没敢出现在现场。这件事大大增长了德国人的志气，而对于他人的赞美，巴赫只是说："谁像我一样努力，谁就可以有我一样的成就。"

巴赫非常热爱德国。从德国历史上看，新教圣咏在德国民歌中占着相当大比例，而巴赫的音乐就是通过新教圣咏将他的作品与德国民族文化结合在一起。同时，巴赫写过不少世俗康塔塔（康塔塔是一种包括独唱、重唱、合唱的声乐套曲）。在《农民康塔塔》中，作品全部采用民间舞曲及流行民歌。可以说康塔塔在某种意义上，正是德国人民的脉搏，也是巴赫音乐的灵魂所在。

前面提到巴赫是著名管风琴师，那就不得不说他创作的管风琴曲。《d小调托卡塔与赋格》是巴赫管风琴曲中最具代表性的作品。很多人不明白"赋格"之意，赋格是学习音乐必修的一门课，赋格曲一般包括三部分：呈示部、中间部和再现部。赋格声部像卡农一样可多可少，少则二部，多则七八部，甚至包含更多的声部。对于一般音乐爱好者来

巴赫曾工作过的管风琴教堂

说只需要知道"赋格"就可以。"托卡塔与赋格"是在巴洛克时期一种套曲形式的体裁，"托卡塔"是管风琴即兴演奏中最具有技巧性的形式，而"赋格"则是逻辑性很强的一种体裁。

《d小调托卡塔与赋格》中，"托卡塔"乐曲气势壮阔，感觉自由舒心，速度曲调变化多样，完全体现出即兴技巧特征。这一特征使得音乐富有戏剧性，感情色彩更加强烈。随着托卡塔主题结束，赋格曲随之而出，两者情绪上形成鲜明对比。"赋格曲"音乐旋律基本上与托卡塔一致，音乐风格相当明显，其间有许多速度上的变化。赋格主题移至低声部呈示，前后反复出现八次，音乐

莱比锡圣托马斯大教堂

情绪逐步高涨，最后，乐曲再现托卡塔部分，以气势雄伟的尾声结束。乐曲结束部分将托卡塔和赋格曲两部分旋律交织在一起，使得整部乐曲更加充实统一，随着磅礴气势的曲调结束整个作品。该曲还被改编成电子版本，很多影视剧中吸血鬼出场的配音就是该曲。

巴赫的作品浩如烟海，单单声乐作品就有295部宗教康塔塔，3部受难曲，还有一些经文歌、清唱剧等，尽管大部分作品丢失但是仍有500多部被保留下来。品味巴赫的作品，初次选择时会感到如同面对茫茫大海无从下手、头晕目眩。正如《巴赫传》中所形容的那样："他一生都像驮着货物的马一样辛苦工作，他拉的货有时候实在令人生畏，也许能够累死十几个普通乐师。有好事者试着解过这样一道题目，就是多少人花多少时间、多少天能够抄完这个怪人的作品，这个怪人正如勃拉姆斯所说，不是涓涓细流，而是奔腾大河。"他的作品内容十分广泛，有较民间风俗性的，例如《农民康塔塔》《咖啡康塔塔》等，有宗教题材作品《我受了很多苦楚》等。巴赫作为一个优秀音乐艺术家，他在创作时都有自己应有的原则，他认为人类要向上，音乐要升华。当一个人一直停留在地面上，自己遭受挫折而无法向上之时，他所生存的社会就必须是一个自由、和谐的民主社会。巴赫说："在组合我的乐曲时，我想向世界展示一个新的、美丽的社会结构。我的和声有什么奥秘吗？只有我自己才知道。各个声部都很开朗，它们有自我约束的力量。为了整体利益自动限制个体的自由，那就是我的启示。没有哪一个固执的旋律可以独裁统治，也没有哪一种不受约束的音响可以有无政府主义。不！是两者之间的一种微妙平衡，一种开明的自由。这是我艺术的科学，我的科学艺术，是天空中星星的和谐，人类心灵中兄弟情谊的渴求，这是我音乐的奥秘。"

巴赫许多作品能让我们涌现出一种如小溪般平静的感觉。面对巴赫，我们会感到大河有一时澎湃，浪涛卷起千堆雪；大河也会有一时的冰封、断流乃至干涸。有些历史上相当著名的大河就是这样，只能看到它们干枯的河道，一滴水也见不到。有些驰名瀑布也是如此。李白曾经咏叹过庐山瀑布，只不过现今早已没有了"飞流直下三千尺，疑是银河落九天"的气势，只剩下水流在岩石上划过一道黑黑的痕迹。时间将大河和瀑布都可以抹平，蒸发得干干净净，可是却难以征服小溪。小溪永远都是清清、浅浅地流着，永远不会因为季节和一些外在因素的困扰而冰封干涸。

1749年，晚年的巴赫视力开始衰弱，渐渐趋于失明，身体开始衰竭，腰已经直不起来。可他性格顽强，不相信这是自己的世界末日。他总是觉得自己的创作还少一首赞美歌，还少一首协奏曲，还少一首赋格曲，就像女人觉得自己衣柜中永远少一件衣服、一双鞋、一个包包一样。可是心有余而力不足，他的眼睛已经近乎失明，作起曲子来只能口授。在逝世的前几天，巴赫还在口授一首公众赞歌《走向主的神坛》。乐曲每一个音符都表达出老人生前最后的虔诚祈祷，最后在第二十六小节处嘎然而止，成了大师的绝笔之作。对于这一生的工作，他自己还是比较满意的，数百年来，巴赫的作品为人们喜爱，这些作品被广泛流传，经久不衰。

"巴赫"在德文中是小溪之意，但是正如贝多芬所说，巴赫的音乐成就和对德国这个民族的影响，不是小溪能够比喻的。他是大海，是浩瀚巨大的大海！这是对巴赫音乐成就如实的评价与赞叹。他不愧是德国人民的宠儿，天才的音乐家。他为全人类音乐进步奠定了良好基础，是世界音乐的丰碑。1750年7月28日，巴赫因病去世，他死时，家中一贫如洗，什么都没有，陪伴他的是一群子女和他创作的曲子。三天后，他在莱比锡圣约翰教堂墓地下葬。巴赫一共有20个孩子，前妻为他生了7个，前妻因病过世后，他又与歌唱家安娜·玛格达雷娜结婚，又生下13个孩子，有3个在幼年时就死去。巴赫过世时，他最小的一个女儿只有8岁，家里这么多孩子需要供养，但是并没有什么经济来源，只能靠周围好心人施舍来的饭菜维持日子。安娜·玛格达雷娜在巴赫过世10年后死去，直到生命的最后一刻她都是在贫困的收容所中，还有可怜的小女儿，始终未能摆脱穷苦。

听巴赫的音乐，就像眼前永远流淌着清澈见底、宁静的小溪水。巴赫的音乐，如孔雀石一样美丽迷人，如夜空下农民茅草房顶那冉冉炊烟，如无边草原，暖暖的地气在氤氲地袅袅上升，如一群云飘逸在天空摇摆不定。巴赫在世时，作品不为人知，不为人理解。他没有良好的家庭环境，没有得到过社会的广泛承认，是贝多芬和莫扎特发现巴赫是个音乐天才。如今，走遍世界各地，都能听闻巴赫的盛名，到处都能听到他的音乐。其中，许多作品早已被列为艺术院校培养学生的必修教材和国际重大音乐比赛的参赛曲目。巴赫以及他的作品数百年来为人们所敬重和喜爱，人们称巴赫为"不可超越的大师"，甚至被誉为"欧洲近现代音乐之父"。

在巴赫先生墓前，一个仰慕他的学生对他的同伴说："你瞧，这个老家伙是如此谦逊，他并不了解自己的价值。世界可能要在几个世纪以后才能认识到他的伟大。"

格奥尔格·弗里德里希·亨德尔（1685—1751）
我的目的是使人们高尚起来

假使我的音乐只能使人愉快，那我很遗憾，我的目的是使人们高尚起来。

——格奥尔格·弗里德里希·亨德尔

贝多芬曾说："亨德尔是我们之中最伟大的，我愿意砍下我的头颅放在他面前。"巴赫说："亨德尔是我死前唯一想见的人，也是那个我唯一想成为的人。"法国作家罗曼·罗兰说："在艺术中，亨德尔像歌德那样从高远处着眼生活。"文学评论家亚历山大·贝尔舍说："亨德尔的音乐作品像莎士比亚的戏剧作品一样，是一个丰富的世界。"亨德尔使人们高尚起来，是所有人的老师。

威尼斯是一座疯狂的城市，文艺复兴后许多音乐艺术家都很喜欢前往威尼斯，参加各种化装舞会。在那段时间里，旧世界一切赏心悦目、热闹欢乐的景象都集中在这样一座水上城市。人们喜欢涌向各个教堂聆听乐队的演奏，七家歌剧院每天都座无虚席，威尼斯完全沉浸在音乐、色彩、欢乐、舞蹈之中。

有一次，在化装舞会上，著名钢琴师亚历山德罗·斯卡拉蒂正在即兴演奏，参加舞会的人不约而同停下舞步，被这位意大利首席音乐家弹出的美妙曲子所吸引。曲子轻快，是他根据自己最近创作的一首优秀歌剧改编而来，他将这美妙音乐与戏剧巧妙结合，再经过他的手指弹出，音乐就像喷泉一般涌出，顿时生机盎然。斯卡拉蒂弹完曲子，听众掌声和欢呼声不断。

此时，一位年轻小伙子坐在钢琴前，小伙子看起来显然是刚来参加这种舞会，很多人都不认识他。他身材高大，相貌平平，看起来呆呆笨笨，年龄不过十几岁。他轻轻将自己那双大手放在琴键上，他开始演奏了，这让周围的人惊呆了：这样放肆，居然在伟大音乐家斯卡拉蒂之后去弹钢琴！人们陆续走开去跳舞，不敢再围观。听！这小伙子弹奏的曲子，这样耳熟，就是斯卡拉蒂的那首歌曲，只不过这位小伙子做了些变动。听起来很不错，感觉要比斯卡拉蒂自己的还好，它不像喷泉涌出，而像是夜空中群星璀璨。斯卡拉蒂带着惊讶表情侧耳听他弹奏，转身对着自己儿子说："这孩子还真的有两下子！你知道这小伙子是谁吗？"他的儿子多米尼柯答道："不知道。"斯卡拉蒂指着坐在钢琴旁的人大声喊叫："啊，魔鬼！魔鬼！那个弹琴的如果不是魔鬼，便一定是亨德尔！"

有人说他是个德国叛徒，有人说他是个英国胖子，而在我眼中，他是个任性反叛却又可爱的胖子。1685年2月23日，格奥尔格·弗里德里希·亨德尔出生在德国萨克森哈雷，他与巴赫并称为巴洛克音乐最伟大的作曲家。但和生于音乐世家的巴赫不同，亨德尔父亲是一位宫廷理发师兼外科医师，这个家庭中没有任何一位是从事音乐的，父亲也禁止亨德尔学习音乐，他一直希望儿子学习法律，这样才能出人头地。可亨德尔偏偏就迷上了音乐，脑子里充满音乐细胞。在亨德尔6岁时无意间发现家中的古钢琴，每当半夜便偷偷躲在阁楼里去练习。父亲得知后，为了不让他做这样"无利可图之事"便威胁亨德尔说要割掉他的手指，可就是这样也没有用，音乐就像泉水一般源源不断地流进亨德尔的耳朵里。其实父亲是善意的，那个时候在一般人心中，搞音乐的就等于流浪汉，很少有人去做一位职业音乐家，有些人作曲也只是为了娱乐。就在亨德尔7岁那年，他和父亲一起去访问萨克森公爵，亨德尔偷偷跑进公爵府的教堂里，在管风琴上弹了起来，公爵听到亨德尔的琴声一下子被深深打动，他心想一定要将亨德尔的音乐潜能挖掘出来，便要求亨德尔的父亲让小亨德尔接受正统的音乐教育。父亲只好满心不情愿地把亨德尔送进利布弗劳恩教堂，让他跟着弗雷德里克·威廉·查豪学习。事实证明，父亲之前的想法错了，在查豪这样一个优秀音乐老师的教导下，亨德尔在音乐上的天赋得以尽情发挥，仅仅三年时间，亨德尔不仅学会很多乐器，甚至自己可以开始创作，10岁时便写了一首三重奏鸣曲。同时，查豪除了教亨德尔一些固定理论知识之外，还让亨德尔每周都创作一首完整的经文歌或是清唱剧。亨德尔总是不知疲倦，把老师下达的任何作业都迅速完成，而且做得令人满意。11岁那年，他已经创作六首由两个双簧管和一个大管演奏的奏鸣曲，这是亨德尔幼年最喜欢的两种乐器。他12岁时，在柏林旅行演出获得巨大成功，一时名声大噪。

父亲虽然同意亨德尔去学习音乐，但他还是希望亨德尔做一个"体面的"公民。亨德尔长大后，遵从家庭的意愿，到哈雷大学攻读法律。在这里他学习到乏味却又比较实用的课程。直到父亲去世，他才开始自由追求自己的爱好。其实，亨德尔在大学期间也没有停止对音乐艺术的追求，他常常在闲暇时"代替"大教堂里的管风琴师莱柏林出席演奏，后因莱柏林玩忽职守被解雇，亨德尔就担任这份职务。据记载，莱柏林之前几任管风琴师可能都是饿死的。在莱柏林担任管风琴师之前，这个职务每年的工资是15元，亨德尔接任之后，工资提高到每年37元5角。虽说工资增加，但这份工资说实话真的不多，连一日三餐都几乎维持不住，好在父亲的遗产足够他过上比较富裕的生活。在担任管风琴师这段时间内，亨德尔做得相当出色，并且还创作出许多清唱剧。但他并没有因为这小小的声誉就感到满足，对于创作出的曲子，也觉得并不完美，他希望自己更好。1703年，他离开家乡，来到汉堡寻求更辽阔的艺术天堂。

在汉堡，亨德尔结识了一群朋友。其中有一个叫约翰·马特森的青年，他比亨德尔大四岁，是位男高音歌唱家、作曲家兼乐队指挥。很快两人成为好朋友，这为亨德尔带来了一些比较实际的好处，也丰富了亨德尔的智力活动与眼界。马特森带着亨德尔加入汉堡管弦乐队，在这里他担任小提琴手，不过小提琴不是亨德尔最擅长的，他还是希望能担任钢琴手或是管风琴手。过了不久，一个好机会降临。在吕贝克的马林教堂里，著名管风琴老师迪特里希·布克斯台胡德正在物色接班人。亨德尔与好友马特森都希望自己争取到这个职位，但他们遇到一个严重问题，布克斯台胡德有一位面貌丑陋的女儿，女儿年长，为了尽快将女儿嫁出去并捞到一些嫁妆，继承他位置的人必须接受他的女儿，而结果是两人都谢绝了布克斯台胡德。更有趣的是，在两年之后，巴赫也同样谢绝了。

这时，二人开始在音乐上产生分歧。当时马特森写的歌剧《克里奥帕特拉》正在上演，他自己担任指挥，并扮演安东尼这个角色。他不上场的时候，就在钢琴上领奏，在登台演唱时，就让亨德尔弹奏钢琴。有一次，马特森演完安东尼逝世的戏回到钢琴旁边，而亨德尔正完全沉浸在音乐之中，不肯把位子让出来。这让马特森相当愤怒，在他们离开剧场时，马特森狠狠地揍了亨德尔一顿，亨德尔马上发出挑战，要和马特森来一次决斗。决斗是在市场上，亨德尔因此差一点儿送命。马特森的剑术比亨德尔高明得多，有一剑，他对着亨德尔胸口猛刺过去，只听见"啪"一声，正好打在亨德尔外衣的一枚大铜纽扣上面。顿时，两个年轻人似乎认识到自己的鲁莽，彼此相拥，又一起去排练了。

在汉堡有一些名气之后，因为各种原因，亨德尔带着自己满满两箱子的作品来到意大利。在意大利，亨德尔有了更广泛的朋友网，还与一些意大利音乐家成为好友。此间，他创作了从歌剧到三重奏鸣曲等大量作品，这些作品征服了欣赏水平很高的意大利人。三年后亨德尔回到德国，不久又访问了英国。在英国，亨德尔因一首意大利风格的歌剧《丽那多》博得观众们喜爱，这也让亨德尔受到安娜女王的宠幸。女王赏赐他一笔丰厚的年薪，亨德尔相当高兴，并立志要做一位英国宫廷作曲家。不过好景不长，很快安娜女王过世，由萨克森的候选人登上英国王位。这位新国王曾是亨德尔的旧主子，因对亨德尔不请假就跑到伦敦一事耿耿于怀，吓得亨德尔也不敢在新国王面前露脸。后来，因为亨德尔创作的一组管乐乐曲博得龙颜大悦，才算无事。这组乐曲就是著名的《水上音乐》。

《水上音乐》共由21首小曲组成。前奏曲是法国式的，明亮而又欢快，又加入各种形式风格的舞曲，例如小步舞曲、布列舞曲等。乐曲中采用的乐器包括小提琴、中提琴、大提琴、长笛、双簧管、大管、圆号等。后来由英国曼彻斯特的哈莱乐队加以改编。改编之后，全曲共分为6首标题性小曲。第一曲《快板》，乐曲较为活泼、轻盈，旋律典雅舒畅。第二曲《小步舞曲》，这是由小提琴主奏的，旋律飘逸缠绵，小提琴音色清秀使人有种飘飘之感，中间部分为小步舞曲节奏，旋律柔和。
第三曲《布列舞曲》，是快板。这
是带有法国民间风格的舞曲，常常
以弱拍开始，调子轻松欢快。第四
曲《号角舞曲》，这是16世纪一种
英国舞曲，三拍子的，旋律质朴柔
和，富有生气。第五曲《行板》，
这部曲子旋律富有表情和悠扬风
格，像是一首宁静的小夜曲。第六
曲《有力的快板》，曲调由抒情转

《弥赛亚》乐谱

为气势宏伟，各个声部都有不同声色出现，表现出庄严隆重又辉煌的场面。结
尾部分又重现第一部分的主题，全曲在壮丽的气氛中结束。

　　除了著名的《水上音乐》，他那震撼人心的《弥赛亚》大家也肯定不会陌生。
清唱剧《弥赛亚》是一部表现宗教内容的英雄史诗，全剧激情热烈地赞颂了《圣
经》传说中的英雄人物耶稣的一生。这部清唱剧共有两个多小时，它以第一部耶稣
诞生、第二部耶稣受难、第三部耶稣复活为情节线索，旋律优美，气势宏伟。亨德
尔仅仅在二十四天里就完成这部曲子，他在为《弥赛亚》谱曲时，自己甚至都感动
得热泪盈眶。他的仆人看到亨德尔热泪盈眶，激动地大声呼喊："我看到了整个天
国，还有伟大的上帝。"《弥赛亚》中数《哈利路亚大合唱》最为出名，每当到
圣诞节时，都会反复听到这首曲子在耳边回荡："哈利路亚，哈利路亚！"1743年
3月，《弥赛亚》在伦敦首次演出，全场听众都被这动人的音乐表演深深打动，当
《哈利路亚》一曲中"主上帝全知全能的统治"这一段开始时，听众感动得同时肃
然起立，静静聆听。据说，这部作品开启了两个惯例：其一是当时英国国王乔治二
世在座，他聆听到第二部分的大合唱《哈利路亚》时，非常感动，为表示敬意，站
起来聆听，直到合唱结束。从此以后，形成习惯，每当演出《弥赛亚》，唱到大合
唱《哈里路亚》时，听众都会不由自主地起立恭听。其二是，每年在威斯敏斯特大
教堂都要演奏《弥赛亚》。《弥赛亚》这部作品使亨德尔蜚声世界，它在亨德尔的

整个创作中显得很奇特，因为它的威力、它的抒情、真挚和深邃使它不仅是宗教艺术的一个杰出典范，而且是一部最优秀的音乐创作。

"哈利路亚"意为"赞美神"，是基督赞美上帝的习语。《哈利路亚》全曲共分为五段，另有短小的结尾。第一段是合唱曲，对基督的欢呼与赞美，具有宏伟的气势，在全曲中起到重要作用。第二段是混声齐唱，含有赋格的技法。曲子令赞美声变得此起彼伏，错落有致，随着旋律中高音的出现，歌声变得越来越嘹亮。第三段前半部分是主调音乐，开始时缓慢平稳，相比第二段给人有一种突如其来的安静感，音乐从低音慢慢向高音发展，骤然昂扬，波澜壮阔。第四段采用对比复调，上声部节奏比较舒缓，之后渐渐向高音区移位，下声部节奏短促，紧紧承接上声部。第五段采用第三段与第四段的音乐主题，旋律相互交替进行，继续向高潮发展。结尾部分在持续热烈的"哈利路亚"赞美声中结束。谈到《哈利路亚》大合唱，亨德尔曾引用圣保罗的话说道："或在身内，或在身外，我都不知道，只有神知道。"《弥赛亚》这首清唱剧，代表着亨德尔一生创作最辉煌、最伟大的成就，并对后来清唱剧的发展产生巨大和深远的影响。另外，他的《参孙》《西米尔》《赫尔克里斯》等清唱剧也相当出名。

亨德尔创作欲望非常强烈，以至于他最终与世隔绝。霍金斯说："他从来不允许自己受到无聊来访的打扰，为了记录下脑海中不断涌现的构思，他几乎闭门不出。"他思想从不懈怠，不论在做什么事情，都不会受到身边环境的打扰。

贝多芬曾说："亨德尔是我们之中最伟大的，我愿意砍下我的头颅放在他面前。"巴赫说："亨德尔是我死前唯一想见的人，也是那个我唯一想成为的人。"法国作家罗曼·罗兰说："在艺术中亨德尔像歌德那样从高远处着眼生活。"文学评论家亚历山大·贝尔舍说："亨德尔的音乐作品像莎士比亚的戏剧作品一样，是一个丰富的世界。"海顿在聆听《哈利路亚》大合唱时，眼中饱含着热泪感慨地说："亨德尔是我们所有人的老师。"英国音乐家、历史学家丹尼尔·舒巴特在他的《编年史》中记载了1790年关于亨德尔的纪念庆典："亨德尔在世时得到高度赞扬和丰厚报酬，去世后被诗人当作圣人一般敬仰。世界上没有一位音乐家得到如此荣誉"。看到这些著名大师评价亨德尔的话，我们不难想象亨德尔在音乐界的贡献与影响。

　　1751年，亨德尔创作完成《费夫塔的女儿》，视力已经差到连拿着放大镜都看不清字的地步。由于患上白内障，他做过一次手术，可是并没有什么效果。几个月之后，正如他自己所说，亮光就这样整个熄灭了！1759年在高文剧院上演清唱剧《参孙》，亨德尔坐在管风琴旁边，他听到剧中那个与腓力人战斗终生的盲人武士说道："全给遮盖住了，没有太阳，没有月亮，在正午的光照中是一片黑暗的汪洋。"亨德尔便再也无法自持，结束后他被带到台上致谢，此时亨德尔已经掩盖不住自己的泪水，泣不成声。几天后，他又在《弥赛亚》现场露面，演出还没有结束，他突然晕厥过去，此后便一直卧床不起。

　　亨德尔表示希望死在耶稣受难日那一天，"但愿能在耶稣复活的日子与我的上帝，我的救赎主重新会合。"8天后，也就是4月14日，亨德尔与世长辞，享年73岁。他被热爱他的英国人按其遗愿安葬于伦敦威斯敏斯特大教堂，墓碑上刻着《弥赛亚》第四十五曲的第一句："我知道我的救赎主活着。"这位伟大音乐家终于和他的救赎主会面了。

弗朗兹·约瑟夫·海顿（1732—1809）
音乐是思维者的声音

当我坐在那架破旧古钢琴旁边的时候，我对最幸福的国王也不羡慕。

——弗朗兹·约瑟夫·海顿

海顿的音乐既不像柏辽兹那样让人感到孤独、焦虑，也不像舒伯特式的细腻刻画，既没有舒曼那样近乎癫狂的热情奔放，也没有肖邦式的高昂愤慨。其曲弥高，其和弥寡。他的音乐中或许缺少某些东西，而正是没有那些，我们才更需要它。

勋伯格曾说："没有任何一个音乐家写出的音乐，能像海顿的音乐那样彻底脱离了神经质。"海顿，一位默默无闻、追求平静的音乐家。莫扎特称他为"海顿老爹"，贝多芬把他尊为师长，勃拉姆斯和拿破仑是他的"忠实粉丝"，后世人们一般把他称作"交响乐之父"。

1732年，修车匠马蒂亚斯·海顿的妻子玛丽娅·科勒，在奥地利一座名叫罗劳的小城生下一名男婴。这孩子出生证明上登记日期是4月1日，名叫弗朗兹·约瑟夫·海顿。海顿曾经对自己第一位传记作者迪斯说："我生于4月1日，我爸爸在日记上是这么写的。但我兄弟米夏伊尔总是说我生于3月31日，也许这是不想说我生在愚人节那一天。"

海顿出生在愚人节，但他震惊了世界，而不是愚弄。他把海顿这个卑微人家的姓氏提升到与日月齐辉的地步。海顿家庭并不富裕，父亲是修车匠，母亲是厨娘，夫妻二人共生下12个孩子，可惜多在童年早早夭折，只剩下5个孩子，其中就包括海顿。父亲虽然是修车匠，但很喜爱音乐，他会弹奏竖琴，尽管他不认识乐谱，不过单凭感觉也能自弹自唱一些奥地利民歌。小海顿从小就听父亲唱歌，他非常喜欢并且早早就显示出美妙的歌喉。对于音乐的热爱，让小海顿整天都吵着想学习乐器演奏，只是当时罗劳地区音乐条件实在无法满足这个小天才的需求。海顿6岁那年来到维也纳，跟随着父亲的表亲约翰·马蒂亚斯·弗兰克学习音乐。在这里小海顿与其他孩子遵循严格的作息时间，学习演奏钢琴和小提琴，有时小海顿还会学习击鼓。这段时光里，小海顿学习到许多有用的知识，这为小海顿日后成为音乐家奠定了基础。日后，海顿评价童年这段时光说："我直到死都要感谢这个人，他教会我这么多东西，尽管在此过程中，鞭打多于食物。"很明显，那段日子让海顿记忆犹新，成为他一生最重要的一段时光。

有一次，街上举行游行活动，因正式鼓手缺席，便让海顿代替。可是他身材实在是太小，力气也不大，根本背不动那只鼓，更有趣的是海顿对于打鼓不是很精通，不过一场游行下来，海顿自始至终都和着音乐打着鼓点，没有一点儿差错。这音乐上出奇的天分，让维也纳圣斯蒂芬大教堂乐长罗伊特注意到了。当时罗伊特正在物色音乐方面有才能之人，小海顿的出现让他很是欢喜，他对海顿进行一次歌唱测验，听后他惊讶地说道："天啊！孩子，你的歌喉我实在太满意了，可是你怎么不会颤音呢？"海顿答道："我的老师就不会唱颤音，你怎么指望我唱颤音呢？"此后，罗伊特把海顿带到维也纳学习，并且让他加入"帝国最主要教堂"的唱诗班。这里的孩子每日都靠教徒的捐款维持生活，生活条件很差，他们不仅要学习音乐，还要学习读书、算术、宗教和写字。尽管条件不是那么优越，但在这里海顿可以充分发挥自己音乐上的才能，以及他那美妙歌喉。可时间并不是停止不前，年纪也是。海顿长到十几岁时，嗓音开始变得像女高音一般，非常圆滑动人，罗伊特很希望海顿能保留住这种嗓音，便建议他去做阉割手术，但海顿爸爸得知后坚决不同意，罗伊特一气之

弦乐四重奏

下就把海顿赶出教堂。从此他流落街头，尝尽了世间的艰难困苦。据说他还在公园长凳上过了一夜，随后被一个名叫施潘勒的男高音歌手收留。这位乐善好施者自己也很贫穷，但还是愿意收留海顿，给他提供食物与住处。这段时期可以说是海顿一生中最艰苦的时期。

海顿生活虽然窘迫，但他并没有停止对音乐的追求。没过多久，海顿就有了自立能力。他参加了一个演奏小夜曲的乐队，手中拿着小提琴，在夏天酷热街头，像吉普赛人那样卖唱养活自己。虽然报酬微不足道，至少海顿是开心踏实的。幸运之星仿佛总是在海顿周围围绕，在他受难之时出来解救他。在他22岁时，海顿结识到维也纳知名音乐大师科罗·波拉拉。因自己并没有能力支付学费，海顿便自愿给波拉拉当仆人，他包揽了替波拉拉洗衣服、梳假发、送信、擦皮鞋等所有家务，在波拉拉发脾气时，他一声不吭，默默低下头忍受。就是这样一个从不抱怨、不断努力的勤奋少年终于感动了老师，波拉拉不仅精心教授海顿音乐理论，还把他介绍给一位西班牙人家中当音乐教师。此后，海顿便开始了他的音乐创作生涯。

1760年，在事业上一帆风顺的海顿，开始考虑找一位伴侣。这时，一位姑娘闯入海顿的生活。据说，海顿有一个当假发店老板的朋友，老板请海顿教自己女儿约瑟芬学习音乐。不久海顿便为约瑟芬倾倒，向她求婚。可不知为什么，约瑟芬不肯嫁给海顿，竟然进入修道院当了修女，这使海顿异常痛苦。老板也觉得很对不起海顿，就要把长女安娜嫁给海顿。后来心地善良的海顿怕老板伤心，就娶了年长自己三岁的安娜为妻。谁知这是不幸婚姻的开始，安娜骄横任性，经常歇斯底里地大发脾气，还把海顿呕心沥血所写的乐谱草稿随意拿来擦桌子、包点心。更让海顿无法忍受的是安娜还是一个狂热宗教徒，常常邀请一些牧师和教徒到家中聚会，闹得海顿根本无心创作，气得海顿骂她是"地狱里的禽兽"。对于这种婚姻，海顿曾无数次想要得到解脱，因为他遇到了情投意合之人。这位女子是意大利青年女歌手路易吉娅·波塞利，同样也是拥有失败的婚姻，二人一见如故，彼此相爱。他们双方都希望自己的配偶来一场意外，从而成全他们。不久波塞利的丈夫去世，海顿这种愿望越来越强烈。他写信给波塞利："亲爱的波塞利，也许我们所经常向往的那个时刻——两对眼睛都闭上的时刻，还会来到。现在，一对眼睛闭上了！另一对呢？但愿能按照上帝的意旨行事！"但是上帝并没有如他们愿，安娜去世时，海顿已经是68岁，而波塞利才40岁，这已经不再是良缘匹配的年龄了。于是，波塞利嫁给另一位男士，撇下海顿孤独消磨着时光。

　　婚姻的不顺利使海顿彻底打消这方面想法，让他静下来安心忙于自己的事业。他离开维也纳，来到匈牙利的尼古拉·埃斯特哈兹亲王宫廷里任职，当了一名宫廷音乐家。海顿在这里指挥一支乐队，并且负责大部分演出活动。他每天都与仆人们在一起吃住，随时都要听候主人差遣，创作风格也要迎合主人，否则就要遭到斥责。一天，海顿写了一首中音提琴二重奏，为了适应主人有限的才能，他演奏这一部分比较简单，王府乐队大提琴手亚当·克拉夫特独奏的部分写得比较复杂。主人看到这首曲子，不禁勃然大怒吼道："以后，中音提琴的独奏曲只能为我自己而写！绝不能让别人显得比我演奏得好！"虽然他常常受到主人责骂，但他还是快乐的，他可以通过乐队的演奏来改进自己作曲的方法，绝大多数作品都是这一时期创作而来。据说，有一次，他意外地接待了一位不速之客——一个屠夫。一见面，客人就恭恭敬敬地摘下帽子，虔诚地请求道："尊敬的大师，我小女儿即将举行婚礼，对我来说，这是重大事件。我满怀感激之情，请您为我写一首最美的小步舞曲。如此重大的请求，除了向您提出，还能去找谁呢？"善良诚恳的海顿立即慨然允诺。到了约定之日，他果真写成一首典雅的《C大调小步舞曲》，屠夫千恩万谢取走了这份珍贵的礼物。几天之后，正当海顿伏在书桌前埋头创作时，窗外突然爆发出一阵震耳欲聋的混杂声响，着实把海顿吓了一跳！他好不容易反应过来"这是有人在奏乐"！他怀着一颗好奇心仔细听了半天才终于恍然大悟："天哪！这不正是自己前几天作的那支《C大调小步舞曲》吗？"他赶紧跑到窗口向外张望，只见台阶上立着一头强健的公牛，牛角上还挂有金色的彩带，喜笑颜开的屠夫站在一旁，身后是满面春风的女儿、女婿，一支由流浪艺人组成的乐队正在起劲地吹吹打打！屠夫庄重地走上前来，恳切地说："尊敬的大师，对一个屠夫来说，用健壮的公牛来对优美的小步舞曲表示谢忱是最好不过的了。"

在海顿创作的乐曲中，交响曲占着很大比重。晚年海顿曾经两次赶赴伦敦进行指挥创作，在此期间，他总结了自己毕生的创作经验。其中他重点谈到"军队"交响曲和"惊愕"交响曲。在这些作品中，海顿试图满足英国人的口味并同时适应伦敦乐队和听众的需求，他总是让作品带有出乎意外的惊喜。在"军队"交响曲中，他使用三角铁、大鼓和钹。在"惊愕"交响曲中，他就造成令人惊愕的效果。

《惊愕交响曲》作于1791年。传说，当时伦敦的贵族是音乐会的常客，但是他们来听海顿的音乐会只是为了表现自己所谓的高雅品位，在那里附庸风雅，每每在乐队演奏时打瞌睡。海顿知道后非常生气，于是他就写了这部《惊愕交响曲》。"惊愕交响曲"这个名字的由来也是有说头的，据说海顿开始在英国演奏自己作品时，发现往往旋律进行到安静的慢拍时，那些贵妇注意力就不够集中，好像心不在焉。于是，他在这首交响曲中和人们开了一场玩笑。在第二乐章缓慢变奏主题反复演奏时，音量依次递减，不断变轻，好像有意先营造一种安静气氛，使听者慢慢飘逸起来。突然，乐队伴着定音鼓的鼓点，奏出一个人们预料不到、震耳欲聋的强烈和弦，使那些漫不经心的人吓了一大跳，

海顿去英国

乐曲演奏完了，贵族们出了丑，海顿很快活，傻眼的贵族被惊醒之后，也哈哈大笑。此后人们就把这部作品称为《惊愕交响曲》。

这首乐曲共分为四个乐章。第一乐章是由慢板转入快板的奏鸣曲式。速度很快，旋律优美，感觉轻巧流畅。这部分主要由木管乐器和弦乐器分别奏出，主题是舞曲般的音型和匈牙利吉卜赛的曲调，由小提琴奏出。副部主题并不具备旋律性，只是弦乐上的节奏音型，整个乐章性格妩媚优雅。第二乐章是著名的"惊愕"乐章变奏曲式。这一乐章主题用最简单的民族风格体现，随后是响亮的和弦，让人为之振奋。乐曲以弱音开始，先是一段轻松舒缓的旋律，非常轻，没有什么变化，听众十分轻视这种催眠似的音乐。刹那间乐队用最大的音量演奏，爆发出强烈声音，定音鼓猛烈地敲击，模仿惊雷的声音，狠狠将打盹的听众吓了一跳。第三乐章是小步舞曲，复三部曲式。小步舞曲速度极快，完全不像宫廷式的小步舞曲。整个乐章节奏鲜明，风格高雅。第四乐章是回旋曲式。速度极快，旋律热烈，海顿喜欢把回旋曲的华丽活泼与奏鸣曲的复杂变化结合在一起。对于海顿时代的小提琴演奏技术，这个乐章难度很大，即使现在也不容易。整部曲子表现出海顿饱满的乐观主义精神和幽默、活泼的风格，"交响曲之父"他当之无愧。

海顿不仅仅在交响曲上有惊人成绩，四重奏、钢琴鸣奏曲、清唱剧这几方面也都有他的优秀作品。例如清唱剧《失乐园》便是一部半宗教、半描述性优秀作品。起初，是一个宇宙混沌的画面，不和谐的音乐搅乱场面，变化无常。突然，全部乐器一同发出和谐响声，这好似在说："天地万物就此诞生，从此有了光亮。"紧接着就是一系列朗诵，主要描写上帝创造日月星辰、大地、花鸟等，之后是人类美妙歌声，这歌声显得较为柔和、哀伤，像是天使在唱歌一样，这是不朽的声音。除此之外，《创世纪》也是海顿清唱剧中优秀的作品。

1791年，海顿应邀赶赴英国访问。当时，伦敦正在上演亨德尔的清唱剧《弥赛亚》，该剧宏伟壮丽的场面和其中合唱曲《哈利路亚》那深厚宽广的思想情感表现，使海顿非常感动。回国后，海顿就开始着手投入创作，《创世纪》便由此产生。这部清唱剧是海顿66岁那年的杰作，整整11年之后，在海顿寿辰那天，朋友们为他安排最后一次盛举。当时海顿已经疾病缠身不能走路，他们推着他参加了《创世纪》的专场演出。当时在出席嘉宾中，甚至还有名震遐迩的贝多芬。海顿一进入音乐厅，全场观众不约而同起立，发出潮水般掌声，此时海顿被这激动人心的景象深深打动，他再也止不住泪水，站起来说道："创作这首曲子的并不是我，是一种来自上苍的力量。"演奏全部结束后，贝多芬弯下身子亲吻他的手以示安慰。

全剧共分为三个部分，它们分别由宣叙调、咏叹调、重唱和合唱组成几个场面，每个场面都以合唱或咏叹调作为结束曲。第一部分共有13首分曲，它热情地歌颂着上帝，叙述了上帝创造天、地、海、风、昼、夜、水、声的光辉业绩。海顿引用《旧约全书·创世纪》中关于上帝创造天地万物用了六天时间，第七天定为休息日为依据，以合唱曲来结束每一天，非常富有新意。之后是天使尤利尔的咏叹调，是一段富有旋律性的慢板，表现出阴间恐惧不安的魔鬼形象以及他们发出的烦乱咒骂声。当混乱的音乐过去后，又重新回到宁静的咏叹调，描绘出新世界的面貌。最后，在赞美新世界的合唱中结束第一天。这部分结束曲是一首雄伟壮丽的颂歌，宣叙调与合唱使音乐发展到高潮，它讲述了第四天日月星辰的创造，生动形象的乐曲由天使们独唱，伴以交替进行的三重唱及混声四部合唱。第二部分叙述了上帝创造生物和人类，共分15首分曲。作曲家运用音乐来表现大自然的一切，如天使加百利唱的咏叹调："雄鹰展翅高飞，向着太阳""云雀用愉快的歌声，向早晨问候""每个树林里传来夜莺的歌声，她心里丝毫没有愁闷，她迷人的歌，不是在叹息呻吟"。天使们的歌声表现了各种各样不同的生物与人物，天上飞的，地上跑的，都一一用歌声唱出来，节奏欢快，让人心情舒畅。第三部分，亚当和夏娃进入剧情。这部分包括6首分曲，唱出了这两位人类的祖先在乐园里的幸福生活。最后是大合唱《放声歌唱主》："一切声音同来歌唱上帝，一同感谢他的劳绩。颂赞他的光荣名字，歌声高唱入云。上帝的荣誉万世长存。阿门！"作品在庄严、宏伟、热情洋溢的乐曲声中宣告结束。

大师总有辞别人世的一天，1809年5月31日，拿破仑侵略军的炮弹轰炸维也纳。在硝烟中，身体虚弱不堪的海顿来到钢琴前，奏响了自己改编的奥地利国歌，这是他生平最后一次演奏。短短五天后，海顿离开了人世，葬于贡佩尔克墓地。

海顿辞世，但他留下的作品传唱至今。世人会铭记他的话："当我坐在那架破旧古钢琴旁边的时候，我对最幸福的国王也不羡慕。"

沃尔夫冈·阿马德乌斯·莫扎特（1756—1791）
神的孩子会跳舞

谁和我一样用功，谁就会和我一样成功。

——沃尔夫冈·阿马德乌斯·莫扎特

没有哪一种词汇可以形容莫扎特的天才，可是太完美的天才注定要忍受比冬日黑夜还要漫长的孤独岁月。而莫扎特在这些漫长的时光里用音符的组合创造了动人篇章，这些跳跃的音符从耳朵、从所有接收器官涌入我们的身体，使我们的皮肤、四肢百骸焕发新的生机。这些写在五线谱上的符号击中内心最柔软的一块地方，就好像突然有了软肋，同时也有了刀枪不入的铠甲。

沃尔夫冈·阿马德乌斯·莫扎特，欧洲最伟大的古典主义音乐作曲家之一。1756年生于奥地利萨尔兹堡，根据当代的考证显示，在钢琴和小提琴相关的创作上，莫扎特无疑是一个天分极高的艺术家，他谱出的协奏曲、交响曲、奏鸣曲、小夜曲、嬉游曲等成为后来古典音乐的主要形式，同时他也是歌剧方面的专家，成就至今不朽于时代的变迁。其作品地位首屈一指，亦能让人感受到音乐由巴洛克时期转向古典主义时期的变化。可惜天妒英才，1791年音乐天才莫扎特死于奥地利维也纳，年仅35岁。

莫扎特的父亲列奥波尔德是一位颇受人们尊敬的小提琴家、作曲家，小莫扎特非凡的音乐天赋很早就引起他的关注。有一次，他与一位朋友一起回到自己家里，看到不满4岁的儿子正聚精会神地趴在五线谱纸上写东西。父亲问他在干什么，儿子竟然一本正经地回答："我在作曲。"孩子的举止使两位大人忍俊不禁，面对着纸上歪七扭八的音符，他们以为这不过是小孩的胡闹。然而，当细心的父亲将儿子的作品认真看了几眼之后，忽然兴奋得眼噙泪花对客人喊道："亲爱的，你快来看！这上面写的是多么正确而有意义的乐曲啊！"天才已经开始了他的创造生涯！在欧洲音乐史的长河中，自幼便显示出音乐天赋者并不罕见。可像莫扎特那样早熟的奇才，能在那样小的年龄便被公认为"神童"的音乐家，却是再难找寻。他3岁就能在钢琴上弹奏许多他

《汤姆休斯》剧照

所听到过的乐曲片断，5岁就能准确无误地辨明任何乐器上奏出的单音、双音、和弦的音名，甚至可以轻易地说出杯子、铃铛等器皿碰撞时所发出的音高……如此过硬的绝对音准观念是绝大多数职业乐师一辈子都达不到的。

可惜天才总是要走一条孤独的道路。在电影《莫扎特传》中，莫扎特招蜂引蝶，怪笑连连，满嘴脏话，放浪形骸，实在不像"天才"。据说莫扎特就是这样不靠谱的：他不喜欢读书，从小就热爱自驾游，尝尽世态炎凉人间冷暖。这个上帝之子，5岁时如成人般的老成，30岁时却如孩子一样纯真。比起音乐，他更喜欢跳舞，他留下的家书中脏话连篇，他不仅打得一手好弹子，还参加了秘密的共济会。这样一个看遍世间百态，尝遍人间百味的人，写的音乐却纯真如孩童。

在电影的一开始，满脸稚气的莫扎特在父亲的引领下向贵族们献技：蒙眼弹琴，当场作曲，钢琴弹毕拉提琴，提琴完又自唱。贵族们指定要看的六个节目，莫扎特完全是临场即兴创作和演奏。其中一项是一个咏叹调，当场看歌词，当场谱曲，还要自弹自唱。那时，同狄德罗等"百科全书派"名流关系密切的格林姆男爵有这样的回忆："音乐家把所能想得出的最难的测验都提了出来。"就连英王也亲自出马考核这孩子。甚至，臭名昭著的萨尔兹堡大主教为了证实作曲过程中没有作弊，把这孩子软禁了一个礼拜。神童莫扎特的才艺展示，说是表演，不如说是献技，只是给贵族们解闷的。这个纯真的孩童就是在这样的环境中成长，也

怪不得幼小的年纪就已经成熟老练，穿梭于各种上流社交场合。

从1762年起，在父亲的带领下，6岁的莫扎特和10岁的姐姐南内尔开始了整个欧洲大陆的旅行演出。他们到过慕尼黑、法兰克福、波恩、维也纳、巴黎、伦敦、米兰、波隆那、佛罗伦萨、那不勒斯、罗马、阿姆斯特丹等地方，所到之处无不引起巨大的轰动！在奥地利国都维也纳，他们被皇帝请进王宫进行表演。在鲜花、掌声和欢呼的背后，是艰苦的训练、苛刻的条件和可怕的考验。为了金钱与荣誉，列奥波尔德要求小莫扎特无论旅途多么劳累，都要随时当众演奏；为了宣扬儿子的天才，他让孩子必须满足听众突如其来、异想天开的种种刁难性提议，比如：当场试奏从未接触过的技巧艰深的乐曲；按照听众临时设想的几个低音即兴作曲，并根据指定的调性当即演奏；用多条手帕将键盘全部蒙住而不影响弹琴；在一场音乐会上从头至尾全部演奏自己的作品，等等。并且，这样的演出几乎每次长达四五个小时之久。

莫扎特在音乐上的天赋可以从多方得到证明：他曾在1770年左右到罗马的圣提里教堂欣赏亚里格的演奏。当时所演奏的乐曲，教堂当局是不准任何人取走乐谱的，所以外面还不曾流传。散会后，莫扎特回到家中，竟能凭记忆一句不漏地写下来，使人们大吃一惊。

历经重重磨难，莫扎特终于在欧洲宫廷打出名头。每个无聊的贵族都要将这个活玩具叫过去演奏一番，感觉自己特别有面子。云游四方，莫扎特渐渐对自己的天赋愈加自信，同时，也早早地领略到了人生残酷，众生百相。

古典音乐史上一个个璀璨的明星，此时却要沦为上层社会附庸风雅的工具。才子们生生被磨去棱角，剪去枝杈，发了制服，编了号码，混迹于俳优之流，夹杂于仆妇之中。为一口面包装孙子，海顿忍了；狂人贝多芬则掀桌子不干；莫扎特心口不一，嘴上虽然没说什么，可背地里净出幺蛾子。有人说大主教实在忍无可忍，一声令下，让手下主管把他逐出门庭。也有人说是莫扎特再也无法忍受大主教的凌辱，毅然向大主教提出了辞职，到维也纳谋生。他是奥地利历史上第一个有勇气和决心摆脱宫廷和教会，维护个人尊严的作曲家。但是之后虽然莫扎特在名义上是一位自由作曲家，实际上仍然无力抗争封建社会对他的压迫。生活的磨难对他的思想和创作产生了深刻的影响。在维也纳的10年，成为他创作中最重要的时期。1781年，他和大主教决裂后，写出了著名歌剧《后宫诱逃》。该剧于1782年7月首演，获得很大成功。1782年，他在没有征得父亲同意的情况下，同曼海姆音乐家的女儿康斯坦斯·韦伯结了婚。莫扎特和当时正在维也纳的海顿结下了深厚的友谊，他向海顿学习了四重奏和交响曲创作的经验，并写了6首弦乐四重奏赠送给海顿。1784年，他参加了"共济会"（也叫兄弟会，是拿破仑在埃及创

《唐璜》剧照

建的，宣传自由平等、兄弟之爱），是维也纳第八支部的成员。他热心地参加了这个带有资产阶级启蒙思想色彩的秘密宗教团体的活动，对它所宣扬的自由、平等、博爱的思想产生强烈共鸣，并在这种思想的启示下写出了许多作品。

　　音乐史书称莫扎特为稀世之才，他英年早逝，却留下了丰富的作品。他的创作几乎涉及了音乐的所有领域，但他最重要的成就当推歌剧。他继承格鲁克歌剧改革的理想，而且更进了一步。与格鲁克不同的是，莫扎特主张"诗必服从音乐"。他的歌剧具有强烈的音乐感染力，旋律非常优美、流畅自然而深情，宣叙调也富于歌唱性。不同类型的音乐，将各种人物形象、性格塑造得鲜明而生动。重唱形式，被莫扎特作为安排戏剧性冲突和高潮的重要手段。序曲简练、个性化，在音乐性质上与全剧有了更多的内在联系。这些重要的探索，使莫扎特在德国歌剧艺术开拓史上创下了不朽业绩，其歌剧以《费加罗的婚礼》《唐璜》和《魔笛》最为杰出。

　　莫扎特的音乐典雅秀丽，如同宝石一般光彩夺目，又似阳光一样热情温暖，

洋溢着青春的生命力。他的音乐语言平易近人，作品结构清晰严谨，因此使乐曲最复杂的创作也看不出斧凿的痕迹。这种容易使人误解的简朴是真正隐藏了艺术的艺术。老子说："大巧若拙。"莫扎特的音乐正是这样，他的乐曲让人着迷，似乎紧紧攫住了内心深处的某条神经、某个细胞，心脏跟从着音乐的起伏变化而变化，每一个音符都穿透整个生命。

他的音乐不是咬文嚼字般抠出来的，而是如行云流水从心灵深处流淌而出。他的音乐如山涧清泉清澈明亮，又如指环简洁明朗。莫扎特的手稿很少有改动，就像是这些音符早已明确地写在脑海里，只不过是再誊写出五线谱而已。

莫扎特短暂的一生给我们留下了大量的音乐巨作，其中仅交响曲就有48部之多。在这48部交响曲中，1788年夏天完成的就有三部经典作品：《E大调第39交响乐》《g小调第40交响乐》和《C大调第41朱庇特交响乐》。完成这三部作品莫扎特仅仅用了六周时间，这时距离他的死亡还有三年，也正是他的生活最为窘迫的时候。当时，莫扎特为了挣钱养家以最高效率完成了这三部作品，这是他人生最后的经典之作，只是在他死后这些作品才得以出版。英国研究莫扎特的学者从交响乐纯粹的调式意义上认为，莫扎特为他最后的三部作品所选择的调性在他的音乐里具有强烈的相关意义。正如我们所知，C大调与典礼仪式有关，常具有军乐性质，有小号和鼓参与；降E大调具有抒情的暖意和富丽的音响，有时还透露出一定的高贵隆重的气息；g小调与所有小调一样，能产生急切感、戏剧效应，或许还有悲怆之情。

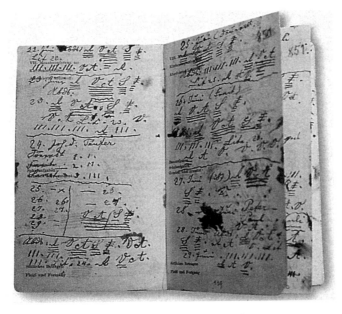

《安魂曲》手稿

美国音乐学者约瑟

夫·马克利斯说得好："在音乐历史中有这样一个时刻：各个对立面都一致了，所有的紧张关系都消除了。莫扎特就是那个'灿烂的时刻'。"

喜欢莫扎特的人浩瀚如繁星，傅雷评价莫扎特用了这样一段话："在整部艺术史上，不仅仅在音乐史上，莫扎特是独一无二的。"他说莫扎特的才华是独一无二的，创作数量的巨大、品种的繁多、质地的卓越都是独一无二的。他又说："没有一种体裁没有他登峰造极的作品，没有一种乐器没有他的经典文献。"傅雷这样的评价很高，其实不单单是傅雷，几乎每一部音乐史都会这样评价莫扎特。

莫扎特活着的时候，人们总把他看成一个标新立异之人。他死后百年，萧伯纳等人才意识到：莫扎特其实是一代乐风的总结，就像拉斐尔之于绘画，莎士比亚之于戏剧。至于莫扎特的死因，中毒之说早已澄清是子虚乌有，电影《莫扎特传》风雪中他被下葬贫民墓地的镜头是艺术化的。莫扎特究竟葬身何处，已经不重要。倒是可惜了那些留存在莫扎特脑海中的乐曲，随天才的陨灭而不见。

莫扎特去世百年后，为世人所冷落，之后又再度热起来，一直到今天。萧伯纳认为，冷是因为从前热过了头，以及拙劣的演奏和指挥。公平地讲，是海顿给他以影响又反过来受他影响。而那比他小十几岁的贝多芬，《第一交响乐》中明明有莫扎特的影子，可暗暗又有新的英雄气概在迸发。莫扎特的高明之处在于既对内行有交代，又满足了外行悦耳的要求。他自己有封家信中谈到刚谱成的钢琴协奏曲："许多地方只有内行才知其妙，至于外行，也会喜欢，但好在哪儿，莫名其妙。"

莫扎特的死一直是一个很大的谜团。我假定莫扎特与他的学生玛达伦娜的情事被她的丈夫霍夫德迈尔发觉，霍夫德迈尔与玛达伦娜达成一个协议：如果莫扎特喝下毒药，玛达伦娜就可以免于一死，于是莫扎特喝下毒药身亡。但是，嫉妒之火使霍夫德迈尔发昏，他没有遵守约定，先毁了玛达伦娜，然后自杀。也有人认为，通过它可以解释清楚莫扎特最后三年的生活状态，以及莫扎特晚期的音乐创作为什么那样错综复杂。

1791年12月31日出版的《音乐周报》写道："因为他的尸体肿大，所以人们认为他是被毒死的。"据说，莫扎特于1791年秋天在维也纳普拉特公园对妻子康斯坦斯说："我活不长了，有人给我下了毒！"没有任何证据证明莫扎特真的讲过这句话。最著名的阴谋论认为宫廷乐师萨列里是下毒者。关于萨列里毒杀莫扎特的传言极有可能来自他自己。莫扎特死后很多年，年老体弱的萨列里在1823年自称毒杀了莫扎特。萨列里的一个朋友盖斯波·卡帕尼请了一位内科医生来调查此事，并最终为萨列里洗脱了罪名。

在电影《莫扎特传》中有这样的场面：出殡那天，狂风呼啸，大雪纷飞。恶劣的气候迫使几位送葬的亲友中途返回，只剩下一个掘墓老人赶着灵车踽踽独行……墓地是一个埋葬罪犯、流浪汉与贫民的坟场，下葬的墓穴里已有许多即将腐烂的尸体。据说莫扎特的妻子康斯坦斯当时重病卧床，没能到场。当数日后她前往墓地时，已无法找到准确的墓址。人类文明史上的一代奇才就这样无影无踪地消失了，身后留下尚未还清的债务。最初并没有人知道莫扎特，比起长寿而晚成的海顿，莫扎特刚好相反——短命而早熟。然而就在他不足36岁的一生里，却为人们创造出数量惊人的音乐瑰宝。

莫扎特的墓碑于1891年从圣马克思墓地移到了中央陵园名人墓地32A第55号墓穴，他的塑像坐落在奥地利首都维也纳的城堡花园，是游客们乐于观光的地方。

当玛丽·安东尼公主走上断头台的时候，莫扎特已经去逝两年了。仿佛穿越时空回到30年前，6岁的音乐小神童在维也纳的皇宫中摔了一跤，上去扶他起来的，就是这位7岁的小公主。他对这位后来成为法国路易十六妻子的人说的第一句话不是感谢，而是说："等我长大了，你会嫁给我吗？"时代动荡，命运诡异，这是多少电影剪辑大师剪也剪不出来的蒙太奇。

莫扎特在给朋友描述亨德尔的音乐时说："亨德尔比常人更懂演出效果——他选定的音乐，总是有晴天霹雳的效果。"而电影中莫扎特的对手萨列里评价莫扎特说了一句如诗般美丽的话："幽灵般的音阶，琴音和弦呼啸着忽上忽下，像露天马戏场的烟花。"可惜烟花易逝，上帝终究不愿自己的宠儿在人间蒙受苦难，莫扎特就这样过早地离开了人世，于是人世间少一位特别的、独一无二的天才音乐家。

路德维希·凡·贝多芬（1770—1827）
扼住命运的咽喉

> 音乐是比一切智能、一切哲学更高的启示，谁能参透我音乐的意义，便能超脱寻常人无以自拔的苦难。
>
> ——路德维希·凡·贝多芬

　　生命沸腾掀起音乐的终曲，贝多芬渴望幸福、渴望治愈、渴望爱情。在他写给弟弟们的信中曾说过："只有道德才能使人幸福，而不是金钱。"他的事迹和这些交响曲就教会我们如何扼住命运的喉咙、如何去爱。"万众一心，团结一致，建立博爱的兄弟情谊。有了博爱，就足以改造和拯救世界。"

　　"我要扼住命运的咽喉，它决不能使我完全屈服。"我们常用这句名言来激励自己，在挫折中不要退缩，只要有机会就要反抗命运。而这样的正能量就是伟大音乐家路德维希·凡·贝多芬传递给我们的。

　　"我们周围的空气多沉重。人们在重浊与腐败的气氛中昏迷不醒，鄙俗的物质主义镇压着思想，阻挠着政府与个人的行动。社会在乖巧卑下的自私自利中而死，人类喘不过气来。打开窗子罢！让自由的空气重新进来！呼吸一下英雄们的气息。"在一个物质生活极度丰富而精神生活相对贫弱的时代，在一个人们躲避崇高、告别崇高而自甘平庸的社会里，"英雄"给予我们的是一面明镜，感受到他们的伟大，而对比我们的卑劣与渺小。

　　1770年12月一个寒冷浑浊的黄昏，在德国莱茵河畔小城波恩的一所破旧屋子内，一个男婴呱呱落地。这就是后来闻名于世的音乐大师贝多芬。贝多芬的父亲是当地宫廷唱诗班的男高音歌手，碌碌无为，嗜酒如命，母亲是宫廷大厨师的女儿，性格温顺，而婚后备受折磨。贝多芬是7个孩子中的第2个，因长兄夭亡，贝多芬成了长子。父亲大部分时间都在酗酒，对家庭毫无责任感，甚至连家人是否有足够的吃穿都从未过问。起初，祖父或多或少还能减少些这个家庭的苦难，贝多芬的音乐才能也能使祖父感到莫大欣慰，但从祖父去世时起，贝多芬和他的家庭就陷入了万丈深渊。

　　贝多芬的人生一开始就是一场悲惨而又残酷的抗争。因他从小就展现出音乐方面的天赋，父亲一门心思想使儿子成为"神童"，这样不仅能成为自己的"摇钱树"，还可以光宗耀祖。父亲常常把贝多芬拽到键盘前，让他在那里艰苦地练上很长时间，每当弹错时就打他耳光。邻居们常常看见这个小孩子由于疲倦和疼痛而抽泣着睡去。从4岁开始，贝多芬就被父亲锁在屋子里，没日没夜地练习钢琴。不管是寒冷的严冬还是蚊虫肆虐的酷暑，他都会把贝多芬从睡梦中拽起来，强迫他去练琴。为了使贝多芬看起来更像是一个"神童"，父亲谎报他的年龄，在他8岁时，把他带出去当作6岁孩子开音乐会。但是天下哪有后天培养出来的神童？尽管费了很多事，老贝多芬始终没能够把他儿子造就成另一个年轻的莫扎特。贝多芬不是神童，在青年时期也不显得早熟，曾教过他的老师阿布雷兹贝格说："什么也没有学会，什么也学不会，他当不了作曲家。"17岁时，贝多芬去拜访音乐大师莫扎特，受到热情接待。莫扎特在听完贝多芬弹的几首钢琴曲子之后立刻预言说："要当心这位年轻人，有朝一日，全世界都要谈论他！"然而就在这时，贝多芬的母亲突然去世，父亲也已经退休，痛苦难耐的贝多芬又挑起家庭重担，抚养教育两个弟弟。要照料家中琐碎之事，对贝多芬来说并不容易，因为不平凡的思想活动已然在他心中激荡，他对这种遭遇感到不满与厌倦，又担心自己身体是否健康，他逐渐变得尖酸刻薄。他像是关在笼子里的小狮子一样，蓬头垢面，话语极少，只是偶尔咆哮一声。这段时间贝多芬时不时就会勃然大怒，之后又悔恨交加。据说有一次，他对朋友韦格勒爆发一阵之后，便写信给他说："最亲爱的！最好的朋友！我在

贝多芬夏季住所

你面前表现得多么不成体统！我承认我不配赢得你的友谊……但是，感谢上天，我并不是故意或是存心对你那样出言不逊，是不可饶恕的轻率使我看不到失去的本质……哦，韦格勒，不要拒绝向你伸过来这只和解的手吧……我要到你面前去投向你的怀抱，请你把自己再还给我，再还给你忏悔不已的、永远忘不了你的、热爱你的朋友吧。"

贝多芬的脾气从没有因为什么而得以改善，他性格傲慢又伤感。受苦至深的人感触也深。上帝给贝多芬天才似的神经质也给了他痛苦。他在一生中都认为自己患有疾病，这大多是源于母亲过世，让他自小以为自己也是病魔缠于一身的人。不管他到底有没有病，他都能真正感受到痛苦，不仅是在身体上还有精神上。即使贝多芬因为暴脾气失去很多朋友，但他出众的音乐天分和高超的琴技总会吸引别人与他结交。1792年，贝多芬通过结识维也纳贵族，被引进上流社会的沙龙，出入舞厅，骑马散步，甚至想要与贵族小姐谈谈恋爱，然而却没有一位小姐看得上贝多芬。在他的圈子里，女人仰慕他、同情他甚至崇拜他，可是从来没有人爱过他。贝多芬内心深受打击，之后再也没有爱恋过任何一位女性。

每个人都称赞贝多芬是位演奏家，却没人承认他是位作曲家，这让他相当难过。成为一名创作音乐家是贝多芬一直的愿望，可是当他试图把涌现在脑海中那种种梦想谱写在纸上的时候，它们却化为无足轻重的颤音形成层层薄雾。尽管许多人无法认识到他的才华，贝多芬仍然朝着梦想前进，那些"颤音"正是贝多芬实现梦想的一道曙光。1800年，贝多芬的《c小调第一交响曲》问世，引起不小轰动。他把这首优美动人的作品奉献给海顿与莫扎特欣赏，而自己还没有完全享受到这份成功的喜悦时，他的耳朵开始聋了！这对一个刚刚步入正轨的音乐家来说，是一个致命打击。他曾写道："对于艺术家比其他人更加难堪，我不能对朋友们说，'大声一点，因为我是聋子'。在某种意义

贝多芬使用过的钢琴

上来讲，我的听觉应该比常人要好，我能公开这种缺陷么？我只能像个流放者那样过日子，再这样下去，我只能把自己的生命结束掉。"他想过自杀，但是没有死去，是艺术把他拉了回来，他战胜了命运的打击，选择勇敢活下来。就像自己的誓言"扼住命运的喉咙"，他要坚强。之后，贝多芬就把全部热情投入到创作中，谱写了大量伟大的传世之作。

"歌颂上帝永恒的荣耀与人类的兄弟情义"成为贝多芬日后生命的主题，他希望通过音乐得到拯救。当时欧洲战场上，拿破仑与贝多芬一样，渴望通过征服得以拯救与解脱。贝多芬对他十分景仰，为此贝多芬创作出《第三交响曲》准备呈现给拿破仑，不料却听到拿破仑称帝的消息，他气急败坏叫道："原来拿破仑也只是个平庸之辈！他像其他暴君一样，在践踏人民！"盛怒之下，贝多芬撕掉了封页上的献词，并把这部曲子改名为《英雄交响曲》。在这部作品中，贝多芬着力塑造了自己理想中的英雄形象，表现出自由、平等、奋争的时代精神。曲子共分为四个乐章，第一乐章为奏鸣曲式，是有活力的快板，却又不那么过分。作为首乐章它没有像传统乐章那样有引子，而是以两个雄壮的齐奏开头，便立刻进入主题。小提琴不断重复着高音，双簧管与单簧管使乐曲听起来更加柔和，并在一段冲突迭起的小高潮之后，顺畅地引出一个新主题。九和弦音量逐渐减轻的时候，在e小调上出现，与开头部分相交错。全

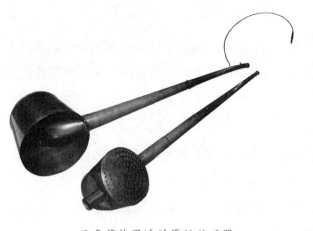

贝多芬使用过的原始助听器

乐章严谨且具有戏剧性，高潮中小号光芒不可忽略，小提琴发出刺耳般的怒吼更是传递着炽热情感。正如瓦格纳所言："恰似自然的熔炉一般，表现了天才青春时期所涌现的种种情绪"。第二乐章是送葬进行曲，罗曼·罗兰称之为"全人类抬着英雄的棺椁"，柏辽兹将之与维吉尔悼念帕拉斯的诗篇相比。这部分让人感觉相当庄重、哀伤，具有独特张力，表现出英雄壮烈牺牲时人们沉痛的心情和深深哀思。第三乐章是诙谐曲，这里与前一乐章反差较大，相当活泼，是四三拍的快板节奏，充满正能量。主题在双簧管上出现，三声中部有一个军号般的主题，由圆号奏出，旋律奔放、热烈，彰显了生命活力和斗争精神，象征着英雄的不屈意志。第四乐章终曲，降E大调，四二拍，是奏鸣曲式、回旋曲式、变奏曲式的结合体，表现了胜利的凯旋与狂欢。整部作品都以英雄主义为中心，洋溢着英雄气概与革命斗争胜利的心情。正如贝多芬曾说过："我一生热爱自由，超过爱其他一切。"他用最大的热情、锐利的目光把握住时代脉搏，努力去反映人民的斗争、苦难与希望。贝多芬也是一位英雄，他用全部生命凝结成一个力的象征。这是道德的力，意志的力，使他的音乐呈现出暴风雨似的热情，他还要与命运搏斗，与上帝抗争。《英雄交响曲》也是对贝多芬自己的一种鼓舞与赞扬。

贝多芬声望越来越大，他独特的风格和作品震惊了世界乐坛，但他的耳朵却越来越不好。其实，贝多芬患的是耳管炎，由于当时医疗条件所致转化成中耳炎，以至耳聋。为了与命运抗衡，他常常用蘸过药水的棉球塞到耳朵里，趴在地上作曲。他在巨大磨难面前，没有失去生活的勇气，在痛苦和磨难之中，高声唱响人类的欢乐。1815年，贝多芬收养了弟弟留下的一个9岁男孩卡尔，他为侄儿安排了颇有抱负的计划，希望把卡尔培养成音乐家或是艺术家。只是希望未能实现。卡尔不走正道，经常跟一些狐朋狗友在一起，花掉贝多芬大量积蓄。有一次，卡尔欠下巨债，贝多芬拒绝帮他偿还，他竟然企图自杀，自杀未能成功，却把贝多芬搞得破产。一夜之间贝多芬苍老不少，卡尔深深伤害了伯父的心。在收养卡尔之前，贝多芬创作出八首交响曲，第九首交响曲直到1824年才得以完成。九年之久的忧伤算是开花结果。桑塔雅纳教授说过，上帝创造世界就是为了让《第九交响曲》得以诞生。

直到贝多芬暮年，经历过各种风风雨雨之后，他才开始真正创作自己心中的最高理想。从作品的酝酿到完成，《第九交响曲》倾尽了贝多芬数十年的心血，是其音乐生涯的登峰造极之作。《第九交响曲》一共分为四个乐章。第一乐章与《英雄交响曲》相同都是奏鸣曲形式。最开始由弦乐部分把气氛压下来，显得相当低沉严肃，之后木管乐器与弦乐器相配合不断重复表现"斗争"这一主题。旋律跌宕起伏，时而压抑、时而悲壮，我们似乎看到勇士们不断冲击关口，前赴后继企盼胜利的景象。第二乐章，贝多芬打破以往惯例，运用诙谐曲式。d小调，3/8拍的节奏使主题明朗振奋，充满前进的动力，似乎给正在战斗的勇士们积极鼓励，让人们一下子在阴云密布的战场上看到和煦的阳光和蓝色的天空，然而明朗之中人们依然可以体会到生活的艰辛。第三乐章，降B大调，4/4拍，不规则变奏曲式。这部分相比之前两个乐章来说显得更加宁静、柔美，富有浪漫主义气息。这种宁静和抒情，表达出贝多芬的深沉情感，之后在平缓浪漫诗一般的意境中响起军号声，说明革命仍未结束。第四乐章，D大调，急板，回旋变曲式。这部分是整部作品的精髓，贝多芬大胆地冲破纯乐器交响乐的传统，将合唱引入交响乐中，不仅形式新颖也使音乐更加雄伟。合唱部分的歌词是德国诗人席勒的诗作《欢乐颂》。在合唱引出之前，曲调波澜起伏，包含着对前三乐章的回忆。接着木管介入引出《欢乐颂》的主题，恰似一缕阳光突破乌云洒向大地，阳光普照，整个欢乐的主题渐渐拉开惟幕。大提琴与低音提琴奏响欢乐主题，继而加入中提琴、大管、小提琴等乐器，将贝多芬心中的理想王国呈现在观众眼前。随后人声浮出水

《第九交响曲》在演奏中

面，曲调更加富有活力，并以独唱、合唱、重唱多种演唱方式交替进行，将乐曲推向光辉灿烂的高潮。

这是贝多芬最后一部交响曲，有人说《第九交响曲》就是为配合歌德的《浮士德》，描写灵魂是如何从人间跌落到地狱，再升入天堂。这部作品首演时异常坎坷，按理说这部作品应该在伦敦进行首演，但是贝多芬认为音乐之都维也纳才是最佳选择。好不容易选定首演地，排练又不断出现问题，这部作品是对乐团乐手的严峻考验，有不少段落演奏起来颇具难度，需要乐手有扎实的功底和熟练的技巧。有人建议贝多芬改动某些段落来减小难度，但是对艺术追求完美的乐圣坚持自己的理念，没有改动一个音符。为此，演出日期不得不一拖再拖。终于在首演当天，乐队表现相当出色，整部作品演奏完毕之后，观众脸上出现令人惊异的神情，这是他们一生都难以看到的场景。观众们像是疯了一样欢呼鼓掌，有些人甚至流下眼泪。人群不断朝着舞台方向涌去，他们被这恢宏的旋律所打动，全然顾不得礼仪。贝多芬同样被这种场面震惊到，虽然因为耳聋，已经听不到任何欢呼声和掌声，却依旧为这超乎寻常的热情场面激动得晕厥过去。在《第九交响曲》中，贝多芬抓住这首赞歌的精华，他的耳聋不是意外，更不是悲剧，是为这天才之花准备的土壤。对于贝多芬来说，只有大地是无声的，他才能在这种寂静中捕捉到天堂传来的回声。

生命沸腾掀起音乐的终曲，贝多芬渴望幸福，渴望治愈，渴望爱情。在他写给弟弟们的信中曾说过："只有道德才能使人幸福，而不是金钱。"他的事迹和这些交响曲教会我们如何扼住命运的喉咙、如何去爱。"万众一心，团结一致，建立博爱的兄弟情谊。有了博爱，就足以改造和拯救世界。"这是许多思想家推崇的学说，也是贝多芬在《第九交响曲》最后一乐章中，利用歌曲向我们传达出的学说，这是爱的新福音。

随着病情加重，贝多芬已经卧床不起，但仍然幻想着、计划着新的音乐创作。1827年，天空中炸响一道闪电，这位伟大的音乐家突然从床上起身，对着天空紧握双拳，像是再次要"扼住命运的喉咙"，可是这次他太虚弱了，倒在床前，永远停止了呼吸。

弗朗茨·泽拉菲库斯·彼得·舒伯特（1797—1828）
你就是为作曲而生

一个不懂得音乐的人是很难快乐起来的。

——弗朗茨·泽拉菲库斯·彼得·舒伯特

"我的创作来自我对音乐与自身悲伤的理解，但我清楚，单纯悲伤的音乐是不会被世人所喜爱。"舒伯特为我们留下了丰富的音乐宝藏，仅仅歌曲就有600多首。他的歌曲感情丰厚、形式多样，他创造的是艺术歌曲，相比贝多芬交响乐规模要小得多，曲子更加个人化，他一唱三叹地吟颂着自己无法摆脱的哀怨与忧伤。

一位音乐之王曾写道：

可爱的音乐在多少忧郁时刻

你安慰我生命的痛苦

使我心中充满幸福和温暖

把我带进美好的世界中

带进美好的世界中

当我痛苦时把那琴弦拨动

发出了一阵甜蜜轻柔和声

使我信服　好像在天空之中

可爱的音乐　我衷心感谢你

可爱的音乐　我感谢你

这位大师便是奥地利作曲家弗朗茨·泽拉菲库斯·彼得·舒伯特。舒伯特，1797年1月31日出生于维也纳郊外的教师家庭。自幼随父兄学习小提琴和钢琴，少年时即显示出他在音乐创作上的特殊才能。小学时担任学校领唱，是老师心中之宝。中学担任小提琴手，每当演奏之前，他总是把乐谱散发到乐队成员的乐谱架上，尽管动作不那么麻利，却显得格外体贴，让人感到亲切舒适。舒伯特自小就沉浸在音乐之中，这让父亲忧伤起来。父亲是一名教师，教室限制了父亲的视野，他希望儿子像自己一样做一名教师，至少这是一份稳定的工作。为了打消父亲这种庸碌想法，舒伯特写出一首关于上帝的智慧与人类愚昧的诗，之后继续搞自己的音乐。

青少年时代的舒伯特生活费相当少，他每天只能静静待在屋子里创作。舒伯特作曲时很少用钢琴，觉得那样会打断思路。几个亲密的同学常常学习借鉴他的作品，从某种程度上来说这缓和了舒伯特的同学关系。每天，同学们玩耍、散步时，舒伯特总会默默坐在一旁，低着头，手指不停地动，像是在弹钢琴，脸上没有任何表情，完全陷入音乐之中。如此迷恋音乐，以至于舒伯特的学业一直很差。这让母亲相当懊恼，直到过世，她都认为自己的儿子是一个什么都不会的废物。

母亲去世以后，舒伯特便去寄宿学校就读。在这段时光中，他创作出许多室内音乐。一首风琴曲，据说是悼念他去世的母亲。在这部作品中，听众能感受到对于母亲过世，舒伯特心中难以释怀的复杂情感。后来舒伯特报名义务兵，但是因为贫血，三次体检都未能通过，只能留在学校中继续学习。舒伯特向来不满足于现状，他厌恶教室，不希望死板地呆在这里。为了逃避单调的学习生活，他开始与一个姑娘交往。舒伯特十分喜欢她，为她创作了150多首作品。舒伯特在日记中写道："有些人总想用坦率动人的语言把自己的感情描绘一番，结果却把自己搞成笑柄，畅所欲言是一种天赋。"其实他是在说自己缺少这种天赋，他用音乐语言向这位姑娘袒露，却依然成为笑柄。姑娘没有选择浪漫主义，而选择现实主义，嫁给一个面包师傅。情场失意后，舒伯特结识许多好友，这对他来说算是一个缓和。朋友们都很欣赏舒伯特的曲子，他通过音乐表达出所有情绪。

两年之内，舒伯特创作了200多首曲子，其中最为有名的便是为歌德的诗《魔王》配的曲子。"父亲抱着发高烧的小儿子骑在马上，天色已晚，风儿又大，孩子害怕起来。'看啦，爸爸，那是魔王！你瞧，他站在那儿！'父亲什么也没有看到。'孩子，那是雾气和雨点。'可是，魔王的声音带着诱惑的语气在孩子耳边轻轻响起：'跟我回家去吧，你这个可爱的孩子……在我家里，你会穿上漂亮衣服，在我的花园里，你会采到美丽花朵……还有好多精巧玩具。''爸爸，呵，爸爸，你听到他唱的歌吗？''我的孩子，用不着担心，那只是风吹树叶的声音。''下来吧，美丽的孩子，到大海里来吧……我家的姑娘们会摇着摇篮，唱着催眠曲，把你哄睡。'后来，魔王的声音变得咄咄逼人。'下来，下来！骑到我马背上来……你再不下来，我就把你抓过来！''爸爸，亲爱的爸爸，他不肯放过我。魔王打我了，打得我好疼！'爸爸吓得发抖，气急败坏地策马奔跑。回到家里，发现孩子静静躺在他怀里……已经断气。"舒伯特为这首诗所谱写的曲子相当淳朴，感动许多听众。如此出色的作品，舒伯特却没有放心上。直到几年之后，歌德本人参加一次音乐会，听到这首《魔王》，不禁含泪鼓掌叫好，舒伯特才领悟到这首歌所蕴含的巨大能量。

据资料记载，歌德在创作原诗过程中，深受丹麦民歌《魔王的女人》影响，其中引用许多丹麦民歌中的歌词。他吸取丹麦民歌中的乡土气息，使自己的创作更加原始化、人性化。舒伯特更是遵循歌德的风格，加以主题音调，伟大作品《魔王》就此诞生。有人说："好的音乐，不仅仅是一段乐曲，更能讲述一段故事，诉说一段情绪，让听者沉醉其间。"音乐，真的可以让人们产生共鸣。《魔王》这首钢琴曲，不仅用音乐的语言讲述了那个带着乡土气息的惊悚而悲怆的故事，更能让人们宣泄自己的情感，让人们精神世界得到极大提升，让人们找到真实的自己。

谈到创作，谈到舒伯特，有许多人喜欢拿舒伯特与贝多芬作比较。贝多芬是生活在现实世界中，他始终坚持着自己生硬的态度，对残酷现实绝不认输，百折不挠地追求着理想。舒伯特是生活在浪漫世界中，自己总是在幻想，对于现实世界他一直在逃避，他只有自己小小的梦想，不像贝多芬那样拥有伟大的理想抱负。打个比喻来说，贝多芬就像是气势磅礴的长篇小说，舒伯特就像是短诗，是鸟归林，是鬼归土，即使是小短诗，也是属于浪漫主义的。有人说："贝多芬是一只浑身是伤却依然雄风凛冽的虎，舒伯特却是一只不时舔着伤口的猫。"但他们相同的是都强化了音乐思想性的内涵。

舒伯特一生中，最富讽刺意味的是他永远不知道自己真正才华力量之所在。他总是迅速创作出伟大的作品，却把它束之高阁。就如《未完成交响曲》，他没有意识到这首曲子有多么重要，多么伟大。因为他心中的抱负是歌剧，对于这些曲子就少了些关心。虽说舒伯特心中倾向歌剧多一些，不过他创作出的歌剧并没有收到多少好评，人们的喜爱程度远不及他创作的曲子。这种结果让舒伯特伤心至极。他曾在日记中写道："世界就像一个大舞台，每一个人都扮演一个角色……如果剧场经理给演员们分派的是他们无法扮演的角色，则将受到谴责。"仔细阅读这段话我们能够明白，舒伯特是在叹息自己在生活中扮演的角色与他内心理想的角色并不相符。《未完成交响曲》是舒伯特在饱经风霜之后创作的一首乐曲，他把忧伤变成爱，在痛苦的土壤中迸发出爱情之歌。他说："一个人的健康再也不可能恢复……他的种种美好希望都已成为泡影。"

《未完成交响曲》是舒伯特25岁时的创作，这首以史诗形式表现的乐曲，由两个乐章组成，第三个乐章舒伯特只拟出一个草稿，未能完成，至今人们还不知道他未能完成的原因。舒伯特从来没有听过乐队演奏他的《未完成交响曲》，这部作品似乎只是他从那满园的花房中采下的一朵鲜花，之后便漫不经心扔出去。《未完成交响曲》第一乐章中快速，奏鸣曲式。这一乐章悲壮、低沉、忧郁，表现出非常痛苦的气氛。全部主题由小提琴、单簧管和双簧管演奏，旋律如泣如诉，副部主题明显比之前明朗，情感也开始激昂起来，它表现出主人公身陷险境却不屈不挠反抗斗争的情绪，慢慢进入尾部的无尽呻吟之中。第二乐章变体奏鸣曲式。这里总体表现出主人公渴望摆脱束缚与困苦，将所有阴霾都拨开，见到一种诗意的田园风光。这一乐章分为两个主题，第一主题旋律较为柔和宁静，主人公似乎潜心于自然之中，与之融为一体。第二主题旋律显得有力度，节奏起伏变化，暗示主人公心中不安。整首曲子，在情绪上具有非常明显的特征，主人公从痛苦挣扎和无奈呻吟直至到大自然中寻求慰藉，这种情绪伴着旋律随风飘荡，包含着独特思想内涵。

《未完成交响曲》还被拍成一部电影，其中描写了舒伯特的一段生活。那时舒伯特在一位伯爵家任家庭教师，他学生是两位年轻的伯爵小姐，舒伯特对其中的丽娜小姐产生了感情。这一点，电影完全是虚构。舒伯特在之前遭受爱情上的巨大创伤，再说他们地位悬殊，两人在一起是不可能的事情。电影在这里虚构舒伯特拥有爱情，或多或少也是想弥补他终生未娶的遗憾。不管是电影还是曲子，对于现代人来说，《未完成交响曲》都已是无价之宝。《未完成交响曲》原稿是在舒伯特死后40年，在阿尔卑斯山附近一个小村庄发现的。《C大调交响曲》在他去世10年后被舒曼无意间发现。舒伯特佳作精品到底还有多少，无人知晓，它们被遗忘在某个地方，等待有缘人去发现。

舒伯特一生中创作出许多优秀作品，但这些好曲子却没能给他带来金钱与欢乐。他生活艰苦，常常挨饿，在狭小灰暗屋子里过夜，拿着教书挣来的一点儿钱，租用钢琴都不够，更别说生计。其实，当时若是舒伯特有一点点经商头脑，都不会沦落成这样。前面提到的《魔王》，起初是被出版社退回，后来他几个朋友便找人印出来销售，没想到一售而空。这让出版界看到商机，他们于是便盯上了舒伯特。有一次，几个维也纳出版人找到舒伯特，表示愿意发行出版他的作品，这些人连哄带骗劝说舒伯特把这些歌曲等所有版权，都卖给他们，出价350美元。舒伯特看到这么大一笔钱，眼睛都直了，他刚好需要钱，况且根本不懂经商，便答应了。他或许没有料到，自己的作品会引起热潮。出版人在两年之内，仅凭借一首《流浪者》就轻轻松松赚回15000美元。而舒伯特却不在乎，依然我行我素。

　　舒伯特并非天生就是这种固执忧郁之人，他也曾经强烈地幻想得到良好教育、美满生活和甜蜜爱情，是残酷现实让舒伯特变得这样固执尖刻。他常常对着一些人发泄，有时候甚至也拿音乐家来出气。有一次，几个心怀善意但是才能平庸的音乐家发现舒伯特正在酒店里喝啤酒，他们一拥而上，希望舒伯特能为他们作几首曲子。这下可好，舒伯特猛然站起来，脸上带着酒色大声嚷嚷道："为你们写曲子？休想！"青年问道："为什么不呢？舒伯特先生。""你们自以为是艺术家，可你们只会在那里瞎摆弄！我才是真正的艺术家！我，弗朗茨·泽拉菲库斯·彼得·舒伯特。我写出伟大高雅的作品，最美妙的交响曲、清唱剧、歌剧和四重唱。可是他们都说我只不过是一个微不足道的歌手，却称你们这些人为艺术家！你们这些小蛆虫，连踩在我的脚底下也不配。你们在尘土里面蠕动、腐烂的时候，我都已经学会怎样在星星中间翱翔！"也许只有在酒醉时舒伯特才意识到自己的伟大，这样狂妄的情景并不常见，他的话虽然不会让人喜欢，可他这些高傲的话似乎又很客观。

　　舒伯特一生创作了大量优秀作品，然而自己从未意识到这些曲子的价值。他晚年的作品《小夜曲》曾让他流出感动的泪水。那是一个朋友请舒伯特为他的一首小诗配曲，舒伯特漫不经心草草谱了几行，就交给他朋友。朋友回到家在钢琴上试了一遍，感觉相当满意，就邀请一些音乐爱好者到家里来欣赏舒伯特演奏。到约定当天，舒伯特把这件事全然忘却。他朋友赶忙找到他，把他拉到客厅的钢琴前。舒伯特慢慢坐下，奏起他为朋友草草而作的歌曲。弹完之后，舒伯特按捺不住激动的心情，眼睛里涌出泪水，他说："我没有想到，这首歌曲竟然这么美！"

　　在舒伯特634首歌曲之中，有歌唱故乡的《流浪者之歌》，有歌唱自然的《听，听，那云雀》，有歌唱艺术的《致音乐》，有歌唱回忆的《菩提树》，有歌唱悲伤的《忧伤》，有歌唱孩子的《野玫瑰》……情感表现是多方面的，但是歌唱爱情的却不多，这和舒伯特自身的经历有关。舒伯特一辈子渴望爱情却因为贫寒始终没有得到过爱情。

　　舒伯特与贝多芬一样终身未娶，爱情与女人好像向来都不属于舒伯特，舒伯特是贝多芬的粉丝,贝多芬葬礼那天,舒伯特举着火炬前去送殡,回来时他闷闷不乐,与朋友一起饮酒。他高举酒杯说:"为在座的先死者干杯。"没料到这里的先死者竟然是他自己。在贝多芬去世一周年纪念音乐会后,舒伯特也与世长辞了。

"我的创作来自我对音乐与自身悲伤的理解,但我清楚,单纯发自悲伤的音乐是不会被世人所喜爱的。"舒伯特为我们留下丰富的音乐宝藏,仅仅歌曲就有600多首。他的歌曲感情丰厚、形式多样。他创造的是艺术歌曲,相较于贝多芬交响乐规模要小,曲子更加个人化,他一唱三叹,吟唱着自己无法摆脱的哀怨与忧伤。

在舒伯特墓碑上,刻着这样一句题词:"死亡把丰富的宝藏,把更加美丽的希望埋葬在这里了。"

艾克托尔·路易·柏辽兹（1803—1869）
一个艺术家生涯中的插曲

音乐只能表现，不能描述。

——艾克托尔·路易·柏辽兹

资本主义的社会矛盾，在法国比任何其他地方都更为尖锐，艺术家的困苦和孤寂也更加悲惨！柏辽兹曾这样写过："我感到我要大叫，为了拯救自己而大叫。哦，残酷的病(我把这种病叫作道德的、神经的、虚构的、一切人们都可能有的孤立病)总有一天它少不了要把我弄死。"柏辽兹深刻地感到一个事实，如果说梅特涅反动政权在奥地利将舒伯特禁锢在一幅冬天严酷的图景里，那么外界在他心目中就好像是一个住满魔鬼的地狱。

"我的音乐的主要特点是富于激情的表达方式、强烈的情绪、有生气地节奏和出人意料的转折。完整地演奏我的作品需要极端的精确性、压抑不住的活力、有所控制的猛烈、梦幻般的温柔以及几乎是病态的抑郁。"这是柏辽兹对自己的评价，每一个词组都诠释了柏辽兹音乐中难以诉说的气质。

艾克托尔·路易·柏辽兹出生在法国一个小城镇里，他的父亲是个富有的医生，父亲希望儿子承袭自己的事业。于是，18岁的柏辽兹就进了医科学校，可是热爱音乐的柏辽兹在这里备受煎熬。第二年，柏辽兹毅然决然地宣布了自己的真实想法：为了自己钟爱的音乐放弃从医。这个决定使他的家族很是震惊。

怀揣梦想的柏辽兹没能依靠自己的满腔热情踏入上流社会，跻身富人行列，但是却在音乐史上名垂青史。

　　柏辽兹的父母在他放弃医学的时候便中断了对他的经济支持，无奈的柏辽兹只好在剧院合唱队唱歌，做很多与音乐相关的事务来换取食物。可以说在19世纪的法国，没有哪位音乐家的命运比柏辽兹更为悲惨了。他不得不进行一种艰苦的生存斗争，他必须亲自筹划自己的音乐会并且进行商务谈判，他必须为报纸副刊写杂文和评论文章来补充他微薄并且不定时的收入，他必须忍受缺乏经济来源的苦痛。柏辽兹说："有一天夜里，我在梦中听到一首交响乐，当我第二天早晨醒来，我还记得它的第一主题。我很想把它记录下来，但我考虑到，如果我把这个主题写下来，它会使我激动地要把整个交响乐作完，那么，我就无法再写什么副刊杂文了，我的收入就会减少，而且写完之后，我就得找人抄写这首交响乐的乐谱，这样我将会负债1200法郎。我还会举行一次音乐会演出，它的收入不够开销的一半。而且我将无法筹到我生病的妻子必要的东西以及儿子的膳食费和我个人的生活必需品。因而我克服了它的诱惑，我一再强迫自己将它忘掉。对于这首交响乐的记忆就让它永远地消失掉吧。"

　　为了挣钱糊口，柏辽兹笔耕不辍致力于书写音乐评论。这让窘迫的柏辽兹产生了悲观厌世的情绪。他的最后一部巨作是根据莎士比亚的《无事烦恼》所写的《比亚特丽斯与班尼迪克特》，这是他在人生尽头所做的全部爆发。此后的7年时间里柏辽兹再也没有写出什么能拿出手的东西，直至66岁逝世那年，柏辽兹一直在贫穷中忍受煎熬。

　　资本主义的社会矛盾，在法国比任何其他地方都更为尖锐，艺术家的困苦和孤寂也更加悲惨！柏辽兹曾这样写道："我感到我要大叫，为了拯救自己而大叫。哦，残酷的病（我把这种病叫作道德的、神经的、虚构的、一切人们都可能有的孤立病)总有一天它少不了要把我弄死。"柏辽兹深刻地感到一个事实，如果说梅特涅反动政权在奥地利将舒伯特禁锢在一幅冬天严酷的图景里，那么柏辽兹的生存环境在他心目中就好像是一个住满魔鬼的地狱。

　　此时浪漫主义正在巴黎扎根发芽，柏辽兹与作家雨果、画家德拉克洛瓦一同站在了"青年法兰西"的阵容中，这三人堪称"法国浪漫主义三杰"。柏辽兹的音乐作品弥漫着浪漫主义文学对他的影响。序曲《威孚利》和《罗布罗

柏辽兹故居

伊》深受司各特小说的影响；《浮士德之天罚》到处都是歌德的影子；《李尔王》和戏曲性交响乐《罗密欧与朱丽叶》甚至直接用了莎士比亚的书名；歌剧《特洛伊人》的脚本是根据古罗马著名诗人维吉尔的诗所写。这些洋溢着浪漫主义气息的作品充斥着柏辽兹自身优雅温柔的气质，而这些只是他众多侧面中的一小部分。

柏辽兹是19世纪最为大胆的革新家之一，他的音乐手段是新颖的、独一无二的。在配器方面柏辽兹充分展现了自身的才华。他在使用乐器时大胆创新，开启了浪漫主义音乐的新世界。柏辽兹生前经常被批评为情感泛滥，乐曲效果过于嘈杂。今天看来，正是柏辽兹开发了管弦乐团的丰富表现力，他把配器法提高到了艺术的高度。虽然在柏辽兹去世一百年之后，人们仍然主要关注他创作中"浪漫主义"的部分，甚至他的崇拜者如李斯特、瓦格纳，主要关注的也是他风格中超前于时代的戏剧性力量、天马行空的想象力和乐队丰富的表现力。事实上，柏辽兹的创作受古典主义的影响非常深，他的作品曲式严谨，即使长歌剧《特洛伊人》（五幕，演出近五个小时），仍然保持着紧凑的结构和呼应。20世纪60年代末至今，音乐学者们和指挥家们不断地指出，在柏辽兹丰满华丽的音响当中，永远不缺少典雅纯正的旋律和对于强大的戏剧性力量的控制。柏辽兹的风格充满诗意，他极富创造力，改革了管弦乐作品的创作方式以及管弦乐队的编制和表现力，他的作品具有贝多芬式辽阔刚健的气魄，复调写作技巧娴熟。当然，引人注目的还有他极其出色的配器法。柏辽兹写了一本经典著作《配器法》，被称为是这门艺术的第一本和最重要的专著。除了在音乐创作上的成就之外，柏辽兹也创作散文和音乐评论，并且受到广泛的称赞。他的自传，如同一本小说一样曲折精彩。

艾伦·柯普兰指出："在柏辽兹之前，作曲家们只是为了让乐器发出自己的音响，而使用它们把音色混合在一起而产生新的效果是柏辽兹的成就。"柏辽兹出色的配器得到了世人的认可，指挥家菲力克斯·魏因加特纳甚至将他称为"现代管弦乐队的制造者"。同是音乐大师的瓦格纳写道："总有一天，怀着感激之情的法兰西会在他的墓前竖起一座壮丽的纪念碑。"

柏辽兹的作品反映了法国资产阶级、小资产阶级革命性衰颓时期的精神面貌，但这并不占主导地位。柏辽兹作品的主导方面是他对民主自由的追求，对幸福的向往和对革命的炽热感情。

当然，对柏辽兹来说，理想和生活的前途毕竟是渺茫的。在他的作品中，也常常流露出对丑恶现实的不满、怀疑、愤慨以及对黑暗的揭露和讽刺。柏辽兹是法国最有代表性的浪漫派作曲家和优秀的指挥家之一，他在评论工作中也显露出卓越的才华。但是，柏辽兹的一生是在物质生活困难和精神上极为悲惨中度过的。

穷困的柏辽兹第一次得到正式的认可是在1830年，这一年他赢得了渴望已久的罗马大奖，这项荣誉使他得到一笔奖金。也就是在这一年，柏辽兹创造了自己最为知名的作品——《幻想交响曲》。这首交响曲的副标题是《一个艺术家生涯中的插曲》。这是一部自传性质的标题音乐作品，描写了他在1827年观看莎士比亚戏剧时爱上女主角的扮演者哈里特·史密森小姐的爱情故事，以及随之而来的甜蜜、沮丧、绝望，乃至产生的幻觉。音乐家李斯特极其喜爱这部作品，并将其改编为钢琴曲。《幻想交响曲》引入了"固定乐思"的概念，以一个音型来代表一个人物或事物，被认为是瓦格纳的"主导动机"的先驱。《幻想交响曲》是李斯特、柴可夫斯基、马勒、里夏德·施特劳斯等浪漫主义作曲家的标题交响曲和交响诗的榜样，被认为是确立19世纪浪漫主义音乐风格最重要的作品。

这首交响曲完成时柏辽兹仅仅27岁，这时他对哈里特·史密森的迷恋正是如火如荼。带有艺术气息的人总是与常人的思维有所不同，普通人也许难以理解艺术大师的世界，常常将其归类为"疯子""神经病""怪人"的行列。殊不知艺术家之所以为艺术家，正是因为这独特的气质，而在这些独特的人中间，柏辽兹尤为显眼。如果其他艺术家只是具有疯子的特性的话，那么柏辽兹可以说是一个完全的疯子。这样疯狂的柏辽兹在1827年遇到了女主演哈里特·史密森。这时英国查尔斯·凯恩布尔剧团在巴黎上演莎士比亚的名作，热爱莎士比亚剧作的柏辽兹场场必到。莎士比亚作品尖锐鲜明的悲剧语言、曲折的情节构思与热情的戏剧冲击力使神经质的柏辽兹神魂颠倒，不能自已。此时他的眼中已经满是舞台上女主演的身影：《罗密欧与朱丽叶》中的朱丽叶；《哈姆雷特》中的公主奥菲丽亚；《奥德赛》中的苔丝德蒙娜。扮演这些角色的演员都是现实中的哈里特·史密森。

哈里特·史密森就像是上帝赐予自己的女神，这是柏辽兹梦寐以求的理想的化身。他开始了对哈里特·史密森狂热地追求。柏辽兹不断地给哈里特·史密森写信，一封接着一封，一字一句都是饱含爱意的滚烫词句。陷入爱河的柏辽兹焦急地等待着哈里特·史密森的回音，然而在剧团即将离开巴黎时也没有得到回信。满心爱意的柏辽兹实在无法抑制自己即将喷涌而出的感情，他不顾一切地闯入后台，当众下跪向哈里特·史密森求爱。然而美丽的哈里特·史密森不为所动。备受打击的柏辽兹陷入深深的痛苦之中，巨大的创伤激发了柏辽兹的创作欲望，这便是《幻想交响曲》。

关于《幻想交响曲》曾有这样的记述："一个过分敏感且具有丰富想象力的青年音乐家，因为失恋，在绝望中吞服鸦片自杀，但由于剂量不足而未能致死，陷入了充满幻觉的昏睡之中。在他失常的脑海里，出现了许多光怪陆离的幻觉，那些情景、知觉和记忆，都变成了生动的音乐形象。他所爱的情人本身也变成了一个曲调，萦绕在耳边，处处可见。"

柏辽兹的爱情就像是一首诗，缠绵哀婉。这些萦绕在耳边的音符就像是爱人的"固定乐思",是这部交响曲的主题,是它的灵魂所在。

第一乐章题为"梦幻与热情"。关于这个章节,柏辽兹写道:"起初他想起了遇上恋人之前的体验,那心灵的病态,难以表达的渴望,忧郁和无端的快乐;后来又想到了由他的恋人在一瞬间激起的狂热的爱情、疯狂的妒忌以及后来那折磨人的忧郁,无限的柔情和宗教式的慰藉。"乐曲采用奏鸣曲式,引子很长,奠定了梦幻的气氛,也奠定了柏辽兹光彩照人的管弦音响。刚开始是一段温柔又带着抑郁的小提琴演奏,取自柏辽兹年轻时所写的一首情歌《艾斯泰拉》。小提琴如梦如诉,旋律中充满了回忆,像一个爱而不得的影子在苦难中徘徊。独奏长笛和第一小提琴共同表达了整章的主题——"固定乐思"。猛地一听,这个章节并不十分动人,然而却像一杯清香的茶,细品之下方能领略内在的韵味,感受音符中执着的追求与渴望。副部主题是主部的延伸,它显示出一股热情,与章节标题"梦幻与热情"相吻合。柏辽兹连续地使用乐队渐强,这是极有特点的手法。再现部起始时,乐队全奏高度浓缩了"固定乐思",将暧昧的情人主题变为疯狂追求。最后几个小节由持续的和弦构成,标记了"虔诚的"、洋溢着无限的柔情与柏辽兹在说明中所说的"他在宗教上获得的慰藉"。

"舞会"是第二乐章的标题,在解释这一章节时,柏辽兹说:"在豪华、喧闹的节日舞会上,他遇见了心爱的情人。"在弦乐的音响中,两架竖琴发出绮丽的声音,乐队的配器并不复杂,却足以令人感受到舞会的华丽与隆重。在这灯红酒绿光怪陆离的世界里,突然出现了艺术家朝思暮想的人,她是自己理想的化身。艺术家不顾一切地冲过去,然而她却在嘈杂的人群中消失不见。音乐又回到第一主题,舞会依旧热闹非凡,可是此时的主人公已经无法再沉浸在这喧闹的氛围中,他苦苦寻找着如同彼岸花般不可触及的心上人。

第三乐意"田野景色",充满了诗意,似乎置身于幽美的田园之中。小提琴与长笛奏出安逸淳朴的旋律,营造出一个宁静的世界。在这样的音乐中我们似乎同主人公一起行走在乡间小路,贪婪地呼吸着一场大雨过后泥土的芬芳。忽然宁静的氛围被打破,主人公变得焦躁不安起来,当乐曲发展到乐队全奏减七和弦时,此刻的主人公简直狂躁不安。随着紧张程度的缓和,他也慢慢安静下来。经历了极度的狂躁他已露出了明显的疲惫。音乐中潜藏着一股动荡不安的元素，原来"她欺骗了他"。

"赴刑进行曲"中他在梦里杀死了自己的情人，被判处死刑，在时而冷酷时而庄严的进行曲中押赴刑场。沉重的步伐伴随着喧嚣的骚动，最后那执拗的念头又一次出现，仿佛是关于爱情的最后一次思索。定音鼓咆哮着发出喑哑的吼叫，低音提琴伴随圆号奏出朦胧的威胁。乐曲在不同风格的主题交替中高涨，主人公已面临人生中的最后时刻。刽子手终止了艺术家最后的思索，再也没有柔婉的歌声。

在最后一章中，主人公发现自己与成群的妖魔鬼怪混在一起。怪异的喧嚣与狞笑此起彼伏。情人的曲调又一次出现却已经失去了本有的高贵与优雅，变得庸俗、丑陋。这是一个奇特怪诞的乐章，小提琴与中提琴在高空中发出窸窸窣窣的声响，大提琴与低音提琴像是来自地狱的风，铜管乐器嘎吱作响，木管乐器演奏出奇特的滑音。这些离奇的声响交织在一起形成奇特的画面。

鬼怪的乱舞已经开场了，魑魅魍魉轮番上阵，像是一首祭奠亡灵的悼歌。魔鬼与狂徒们索性将这一切变得更疯狂，在群魔乱舞的喧嚣中结束这一切。然而这不过是一个艺术家生命中的插曲。

弗利克斯·门德尔松（1809—1847）
天才与死亡

> 一首我喜爱的乐曲，传达给我的思想和意义是不能用语言表述的。
>
> ——弗利克斯·门德尔松

"音乐是属于群众的，这是人人有份的。"门德尔松是一位非常有理智、聪明的音乐家。他创作出的音乐既不像柏辽兹那样让人感到孤独、焦虑，也不像舒曼那样近乎癫狂的热情奔放，既没有舒伯特式的细腻刻画，也没有肖邦式的高昂愤慨。他始终走着自己那种明朗、平稳的风格路线，在作品中流露出他对自然、现实和内心世界的独特审美。

"音乐是属于群众的，这是人人有份的。"

从古至今，音乐家大多都要经历风风雨雨，万般坎坷，似乎这已经成为理所应当的规律。不过上帝就要打破这种已形成的固定观念，所以，一个与众不同的天才费利克斯·门德尔松来到人世间。

门德尔松是一位非常有理智的音乐家。他创作出的音乐既不像柏辽兹那样让人感到孤独、焦虑，也不像舒曼那样近乎癫狂的热情奔放，既没有舒伯特式的细腻刻画，也没有肖邦式的高昂愤慨。他始终坚持着自己那种明朗、平稳的风格，在作品中流露出他对自然、现实和内心世界的独特审美。

门德尔松的名字"弗里克斯"是幸福之意。确实，门德尔松一生虽然短暂，却充满幸福与欢乐。1809年2月3日，门德尔松出生在德国汉堡一个犹太家庭。门德尔松的祖父摩西是德国著名哲学家，人们都称他为"犹太苏格拉底"。苏格拉底是古希腊哲学家，欧洲哲学史上著名人物之一，祖父被如此称呼，可见其影响巨大。据说，"犹太苏格拉底"之子亚伯拉罕继承了父亲的聪明才智，但却走上实业家这条道路，因而成为一位银行巨头、德国屈指可数的亿万大亨，这位银行巨头正是门德尔松的父亲。而费利克斯的出现让整个家族开始耀眼起来。父亲曾坦率地承认自己是整个家族成员中最缺乏资质、最不成器的一个，直到晚年，他嘴边还是经常挂着这句话："从前我是父亲的儿子，如今则是儿子的父亲。"其实，亚伯拉罕并没有必要这样贬低自己，他或许并没有意识到，正是因为他，为欧洲及世界的音乐天才创造了一切优裕条件，这颗音乐种子才得以开花结果。

门德尔松在一个富有、优裕、有教养且和睦的家庭中成长。父亲不仅是个银行家，还是门德尔松的良师益友。母亲是一位很有修养的女子，她学识广博，情趣高雅，还掌握好几门外语，相当喜爱音乐，门德尔松第一位钢琴老师就是他母亲。由于这种优越环境，门德尔松打小就根本不用操心吃不饱、穿不暖的问题，他可以全身心投入到音乐之中。他们一家住在柏林莱比锡大街，这里是最富吸引力的沙龙地点之一。每到星期天，父亲就会请专业管弦乐队和合唱团来家里演出，更有黑格尔、韦伯、采尔特这些才华人士前来做客。门德尔松受到各种艺术气息熏陶，接触到这些名人大师，他感到异常兴奋。他常常和大师们讨论各种问题。在这种环境下，门德尔松不断成长，艺术素养也飞快提高。所以在以后，我们听到门德尔松创作出来的作品，总是感到那么阳光、优雅、休闲放松。

所有人都喜爱门德尔松，因为他不仅聪明可爱，长得也十分讨人喜欢。看着他那匀称的身材、漂亮的卷发、炽热的眼神和迷人的微笑，就使人联想起《圣经》中的年轻王子。最难能可贵的是门德尔松对于他所得到的这一切十分珍惜，虽然生在富裕、良好的生活环境中，但他并没有像纨绔子弟那样挥霍无度，而是将这些都视为上帝赐予给他的无价之宝。

门德尔松9岁就开始登台公开演奏，10岁时就为《诗篇19》谱曲，11岁便写出10首奏鸣曲及其他乐曲，12岁已写出一首钢琴四重奏。不过，这个家族可不仅仅只有门德尔松一位小天才。门德尔松有一位大他4岁的姐姐，名叫范尼·卡西里，姐弟俩感情非常好，从小就一起学习音乐。范尼的音乐素养并不亚于门德尔松，用她母亲的话来说就是："生下来就具有巴赫赋格曲的手指。"二人每天都在一起上课，教他们的都是音乐方面最具有能力的老师。从早晨五点到傍晚，他们一直在上课，这种状态是这个家族的传统。门德尔松的祖父曾说："我从专心治学中得到两样东西，一个聪明的脑子和一个畸形的驼背。"虽然门德尔松脊背挺拔直立，他的健康却遭受到损害，不知不觉中为他自己过早死亡埋下种子。

在门德尔松青年时，父亲决定要让全家人都信仰基督教。显然这个决定是明智的。因为当时在德国，犹太人的道路充满艰难险阻。这个决定，这几滴圣水在门德尔松身上产生了奇迹，它把崎岖小路开拓成宽阔大道。门德尔松仅仅通过虔诚礼拜，就以一个天才姿态横空出现在世人面前，而不是以一个犹太人的身份。他轻松考上柏林大学，家人又在犹太姓氏前加上一个基督教姓氏巴尔托迪，这个基督教名字为门德尔松，为日后他进入德国教育界和社交界打开一条光明大道。

可是，门德尔松总不能一直靠着父母过日子，他总要自己去闯荡，去寻找一份适合自己的职业。父亲建议他去英国，看起来这会是一个不错开始。当时，大家都说英国人像鸵鸟一样，不论是"音乐不协调的石子"，还是"音乐蜜饯"，吞噬起来都会津津有味。英国人对这位音乐天才要来访问表现出巨大热情，乔治·斯马特爵士写信给他说："作为伦敦交响乐团的一个指挥，我向你保证，我们将为你的演出做出最最妥善的安排。"

1829年，门德尔松来到英国，初见伦敦城让他心中万分激动。他在写给父母信中说："真吓人！真叫人发狂！我已经眼花缭乱。伦敦是地球上气派最大、最难以理解的怪物！"这个"怪物"对门德尔松表示了衷心欢迎。伦敦交响乐团演奏了他的《c小调交响曲》，门德尔松亲自担任指挥。从排练到演出都很顺利，门德尔松曾写道："这次演出，让我印象很深刻。看到那个拿着白指挥棒的小家伙代替了通常戴着假发的乐队指挥，就感到十分有趣。"看得出门德尔松很喜欢这种感觉，有时他在台上演出时，还很喜欢观察观众。他常常在日记中记下对观众的印象。"看到那些女士们的帽子随着每个小小乐段而颤动，我真觉得有趣。这使我和许多批评家都想到风儿吹拂在郁金花圃上的景象。我注意到，舞台上有些女士很美，我还扫了乔治爵士一眼，看到他吸了一撮鼻烟。"

门德尔松在事业上一直稳步高升，好运连连。同时，这种好运也波及了爱情方面，门德尔松遇见了自己的真爱。27岁时，门德尔松与塞西尔·让雷诺结婚，新娘只有17岁。塞西尔并不是特别聪明，也不是特别有才能，但是很漂亮，而且文雅温柔。

门德尔松得天独厚的条件，让许多人望尘莫及。在创作上，他首创了高雅纯净、形式短小的钢琴曲《无词歌》。这是一种钢琴小品，旋律如歌，像日记一样把日常感受记录下来。他创作的《仲夏夜之梦》是他在早期最具代表性的作品之一。虽然创作这首曲子时，门德尔松只有17岁，但这首曲子着实让人耳目一新。那种管乐所焕发的吞云吐雾的魔力，小提琴弥漫的如梦如幻的想象力不同于任何人。这是他自己创造出的一个崭新的音乐形式，是浪漫主义时期的音乐标志之一。在这里，体现着门德尔松一生矛盾的追求，那就是努力将古典主义的缅怀和浪漫主义的内涵结合在一起，既含有古典主义的逻辑性，又带有浪漫主义的幻想性。

《仲夏夜之梦》是英国诗人莎士比亚1595年取材于民间传说而创作的一部喜剧。剧情大致是：古时候雅典有一种风俗，父亲有权利决定女儿的婚事。同时，法律也有相关规定，若是女儿拒绝父亲的决定，父亲便可依法把女儿处死。一次，有一个雅典居民到公爵那里控诉自己的女儿海米娅私自爱上一位男青年，公爵便判决海米娅进修道院度过余生。海米娅得知后便打算与情人出逃，相约夜晚在森林里相会。可他们哪里知道，这个森林原来是精灵们的乐园。他俩在那里备受捉弄，引起了种种离奇误会和笑话。第二天又恰巧碰到前来狩猎的公爵及其未婚妻，公爵对他们的遭遇深表同情，不但撤销原判决，还安排他们举行婚礼。这部剧嘲弄讽刺了神权和封建的宗法制度，提倡自由民主和个性解放，表现出人们向往自由生活的乐观精神。从小门德尔松就对这部作品很痴迷，常常拉着姐姐一同阅读。他17岁时，便凭借着一种创作灵感，为这部作品谱写出序曲。

这部作品主要采用奏鸣曲式。引子是由木管乐器为主，缓缓奏出梦幻般的旋律，把人们带入仲夏之夜那个神秘森林。呈示部分，第一主题以小提琴为主，旋律轻巧、跳跃，使人们联想到在那神秘森林的奇妙仙境以及小精灵们嬉戏的场景。第二主题刻画仙王、仙后威严的形象，乐队通过雄壮强音，表现出神秘森林载歌载舞的热烈场面。之后，副部主题引出热恋情侣，他们来到神秘的大森林，这部分调子激动、热情。呈示部结尾调子仍然是欢快活跃，描绘了小精灵们跳起舞来热闹的场面。展开部分在第一主题基础上，再次强调出梦幻仙境，突然引出一段略带忧伤的曲子。这正是在说年轻的恋人并不知自己在被小精灵们捉弄，似乎他们是在叹息爱情的磨难。再现部经过忧郁曲子之后，调子又开始活跃起来，慢慢节奏柔和下来，美好梦幻渐渐消失。这正是在说仙王仙后们重返神话世界，小精灵不见了，仲夏夜之梦也随之化为乌有。整首曲子具有一种明朗快乐之感，充满着神秘和新奇，它不是戏剧性的情节描述，而是通过一种音乐形式来表现这一梦幻主题，很好体现出门德尔松在创作上的才华和灵性。不过门德尔松也不是符合每个人的欣赏口味，朗格曾一针见血地指出："门德尔松想调和古典形式和浪漫主义内容的计划，从一开始就注定要失败，因为虽然他那奇妙圆滑的笔法能写出任何类型的结构，不论是赋格还是交响乐都写得很好，但是由于缺乏矛盾冲突，再加上举止稳重，使得这种十分精巧文雅的音乐只可能是古典主义了。"此外，更有后人强烈批评门德尔松《仲夏夜之梦》这部作品不属浪漫主义。不过对于这种声音，门德尔松并没有表现出很激动，他依然不断创作着自己独特风格的乐曲。

门德尔松创作出的作品大部分都是充满幸福之情，节奏欢快。不过在《f小调第六和弦四重奏》这部曲子中，却让人深深感受到门德尔松伤心决裂的情绪。1829年5月的一天，门德尔松最亲爱的姐姐范尼突然病故，噩耗传来时，门德尔松正在指挥排练，听闻噩耗门德尔松悲痛欲绝，当场昏死过去。从此，他本来就有的肺病更加严重，咳血不断。

《f小调第六和弦四重奏》这部曲子共分为四部分。第一乐章开头便是急促暴风雨般的节奏，就像是大提琴弓戳破琴箱般的和弦。随之转向中小提琴，声音尖锐，像是死神在一步步靠近。随着呈示部向主部延展，不祥和悲伤交织出一种短暂的音型，仿佛阴暗的雨中能看见许多蜘蛛反光的肢节在抽动。随后发展部攀升到前所未有的高潮，这是死亡在一步步紧逼，小提琴发出急促尖锐的节奏，渲染出更加浓郁的效果。瞬间，弓弦相继绷断，节奏变得越来越紧张，如雨燕在空中高叫一般，使人们心情忧郁不安。最后，再现部沿袭了在《苏格兰交响乐》和《第五降E大调弦乐四重奏》中的大提琴声部，声音汇聚成一股绝望而义无反顾的洪流。第二乐章是一种哭号式的晦暗，充满不安和斗争。一种不容遏制的势头受到强忍制动，在渐息的饮啜中，进入回忆。第三乐章是唯一一个比较平缓的乐章，萦绕着逝去的美好场景，在一种沉重气氛中展开演奏。第四乐章又重回悲壮现实情境中，像是一个人在越来越窄的过道回环奔走，更像是一面残破的军旗在枪林弹雨中固执地走向毁灭。各个声部在绝望中坚定推进，最后戛然而止的寂静宣告结束。曲子让人紧张到没有缝隙，大提琴厚实的低音令人满足，小提琴激情充沛，连第三乐章那种单线似的叙述也拉得浓重，只是有时来不及控制得再慢些。

诚然，门德尔松太忠实于自己的感情，力避浮夸之美，要求音乐对思想作唯一准确的传达，因而总是写得太紧，不够丰富、自由。他崇尚理性的欢乐之境难以抵达，便时而轻视人生悲歌，《f小调第六和弦四重奏》便被安放在一扇封存了新世界的石门上。

现在，所有管弦乐队领导人中，很少有演奏家能够兼任作曲家。但当时，门德尔松却是身兼三任。此外，有人留下一大笔钱要建立一所音乐学校，为此门德尔松在自己管弦乐队的演奏员中寻找教师，且他和舒曼都在那里教钢琴课。此后在莱比锡，这所音乐学院成为最著名学院之一。甚至于当国王命令他到柏林去指导皇家管弦乐队和歌剧院时，他仍对之前的工作念念不忘，因为他在那里所做的一切都能使人们充满幸福。门德尔松一生也是充满了欢乐与幸福，以致一旦忧伤来临时，他就受到致命打击。父亲去世，母亲去世，对于门德尔松来说已经是不小打击了，然而在听到姐姐突然去世时，门德尔松已经完全崩溃。他尖叫一声后，倒在地板上，撞坏了他的头。在这次打击之下，门德尔松的脑血管爆裂了一次。暂时康复之后，他又试图投入到工作中。有一次，他坐在管风琴前面弹奏，技巧一如往昔，但是旧日的激情已不复存在。他的朋友亨利·乔莱说："当我听到这次管风琴演奏时，我感到仿佛已经永远告别了最最伟大的音乐。"

门德尔松在最后一次发病前，又成功写出一首歌曲，这首曲子与《仲夏夜之梦》遥相呼应。在杰拉尔德·亚伯拉罕的《牛津音乐简史》中对这首曲子作了简短解释："一直十分流行的小提琴协奏曲是典型的门德尔松风格，手法巧妙，有令人愉快、效果惊人的第一乐章，技巧高超的过渡，慢乐章和《仲夏夜之梦》序曲遥相呼应。"可以说，这是对门德尔松一生的总结。

1847年11月4日晚上9点在他临终前最后一刻，他突然抬起头，又把头向后一甩，便再没了呼吸。这是乐队开始演奏时的典型动作，大师用这种方式向我们告别，他已经被召唤到另一个世界，去为他的首场演出担任指挥了。

弗里德里克·弗朗索瓦·肖邦（1810—1849）
诗与远方

把我的心脏带回祖国。

——弗里德里克·弗朗索瓦·肖邦

他是巴黎这座城市里一个孤独怪诞的人，是这个经常弥漫在雨水中的城市里一片温柔的星光。他面带微笑，他的身体在音乐厅中飘荡如同幽灵，优美的音乐如同火焰在风中舞动。批评家抨击他的音乐，而诗人和孩子却理解他。"让批评家们笑话去吧！"总有一天，这些曾经尖酸刻薄的批评家会明白，有些音乐是要用灵魂才能感受。"因为你的财宝在哪里，你的心也在哪里。"你的身体腐朽，灵魂却不泯灭，藏在每一首曲子，每一个音符，追逐你的诗与远方。

你坐在椅子上　看着窗外流过的光

你伸出双手　摸着纸上写下的希望

你说花开了又落　像是一扇窗

可是窗开了又关　像爱的模样

你举着一枝花　等着有人带你去流浪

你想睡去在远方　像一个美丽童话

那本书　合了又开飘落下梦想

我们俩　合了又分像一对船桨

总要有些随风　有些入梦

有些长留　在心中

于是有时疯狂　有时迷惘

有时唱

这是一首现代流行歌曲的歌词，不知道为什么听到这首现代流行音乐总是会想到古典大师肖邦，两者之间除了都与音乐有关，其他似乎没什么共同点了。然而我总是会想，肖邦的诗押了怎样的韵，他的远方到底在何方？

弗里德里克·弗朗索瓦·肖邦，波兰著名作曲家、钢琴家，1810年3月1日出生于华沙近郊。肖邦的真实出生日期目前有争议，其拉丁文出生文献（出生证明和教堂受洗纪录）上记载为1810年2月22日，但其父母与家人均以3月1日作为肖邦的生日，音乐史学界的考证，倾向3月1日为其正确的出生日期，而2月22日为当年他的父亲在报户口时，误算了出生周数所致（比实际的出生日期提早了整整一个星期）。肖邦从小就表现出非凡的艺术天赋，他是历史上最具影响力和最受欢迎的钢琴作曲家之一，是波兰音乐史上最重要的人物之一，是欧洲19世纪浪漫主义音乐的代表人物。由于肖邦一生的创作大多是钢琴曲，他被誉为"浪漫主义的钢琴诗人"。舒曼曾称赞肖邦的音乐像"隐藏在花丛中的一尊大炮"，它向全世界庄严宣告："波兰不会灭亡。"

肖邦一生的作品繁多，全部为钢琴曲，而其中的十分之九又是钢琴独奏曲。但是最令人感到麻烦的是，他的作品大多只有体裁而没有标题。很多作品，即使标上调式和体裁与体裁编号，仍然难以搞懂到底是哪一首。因此，后人查找肖邦的作品时，往往以作品编号（Op）作为查找的主要根据，因为作品编号是不会出现重复和混乱现象的。

肖邦作曲时，基本离不开钢琴键盘。据当时的人说，肖邦擅长在钢琴上即兴创作，而且有着一气呵成般的流畅。但当他落笔追思即兴创作时，却异常费力，稿纸上往往留下很多涂改痕迹。许多已成之作，每经他本人演奏一次，就会出现一种新改动的版本。可见肖邦对于作曲是十分情绪化的。

肖邦的父亲是法国人，后来侨居华沙任中学法文教员，母亲是波兰人。肖邦自幼喜爱波兰民族音乐，7岁时就创作了波兰舞曲，8岁登台演出，不足20岁就已出名。肖邦39岁英年早逝，后半生主要生活在法国，创作了大量钢琴作品，如

4首叙事曲，10首波兰舞曲，包括《军队》《英雄》等，26首钢琴前奏曲，包括《雨滴》等，27首钢琴练习曲，包括《离别》《革命》，4首谐谑曲，3首钢琴奏鸣曲，至少32首夜曲，59首玛祖卡，2首钢琴协奏曲，以及幻想曲、大提琴奏鸣曲等。

肖邦出生时，波兰由于被俄国、普鲁士、奥地利瓜分，已经不是一个统一的主权国家。肖邦的母亲是波兰人，父亲是波兰籍的法国人，原本居住在洛林的一座从父辈继承下来的葡萄园，1787年移居波兰并加入波兰籍，参加过1792年的俄波战争和1794年的科希丘什科起义，第二次瓜分波兰后在贵族家庭当法语家庭教师，认识了一个雇主的亲戚也就是后来肖邦的母亲，他们在1806年结婚，肖邦的父亲也得到了一份在中学教授法语的工作。

肖邦从小身体就不好，为此他的亲人们都非常担心。母亲常常叮咛他："把外衣裹紧一些。"以至于肖邦后来总是习惯于裹紧外衣，可惜这些都是徒劳。19世纪还没有什么特效药或是科技能够拯救肖邦，他的身体正在一步一步走向崩毁。

体弱多病的肖邦性格倨傲，爱慕虚荣。他对年轻人的放荡行为深恶痛绝，二手烟会使他恶心，葡萄酒也会让他觉得难以接受。他穿着极为考究，爱慕虚荣的他承认自己真正想取悦的人只有一种："我弹琴的姿态使那些女士们大为欣赏"。他的风度翩翩是一首诗，长短音韵恰到好处。有一次在结束了一场音乐会后他对朋友炫耀："我相信昨天我是做到了。"朋友问他做到了什么，他骄傲地答道："我鞠躬的时候的确潇洒，因为布朗教过我如何做得恰到好处。"

肖邦的虚荣是他体质虚弱而产生的，正是由于天生的缺乏才更加渴望。肖邦二十多岁时有一次在舞台上演奏自己的作品，一位老太太说："多么遗憾，这个年轻人的形象一点儿也不壮实！"确实，身材细小的肖邦体质柔弱，毫无男子气概可言。因为病痛，这个年轻的男子总是带着忧郁的气息，病痛时时刻刻折磨着他的身体。

肖邦一家在1810年搬到了华沙，肖邦在波兰被视为神童，1815年，5岁的他开始学习钢琴，相继由他的姐姐和母亲教授钢琴演奏。肖邦是个音乐天才，从小就展现出了他惊人的音乐天赋，7岁时便能作曲。他的第一首作品《B大调和G小调波兰舞曲》创作于1817年，体现出肖邦不同寻常的即兴创作能力，他在华沙被誉为

少年肖邦在练琴

"第二个莫扎特"。第二年也就是1818年，8岁的肖邦在一次慈善音乐会上演奏了阿达尔伯特·吉罗维茨的作品，这是肖邦第一次登台演奏，从此跻身波兰贵族的沙龙。

"脱帽吧，先生们！这里是一位天才！"这是1831年12月，舒曼发表在《大众音乐报》第49期的一篇评论肖邦作品的文章里推崇肖邦的话。这篇文章，是舒曼的第一篇音乐评论文章。德国人对肖邦的了解，是从舒曼的这篇文章开始的。

18岁时，肖邦已表现出超然的个性和独创风格。他的大多数作品都是精致的小品。这些作品能激起无穷的情感体验，大多优美、文雅、富有歌唱性。与舒曼作品不同的是，它们没有标题和情节。其中，玛祖卡和波罗乃兹舞曲——风格化的舞曲实际上并没有运用民间的曲调，但却充分体现了波兰的民族精神。没有一位作曲家能像肖邦那样使钢琴发出如此优美的音响，他创造了钢琴歌唱的幻觉。他运用优雅而精致的装饰，开创了细腻的踏板效果。他色彩性的和声处理很有独创性，对后来的作曲家产生了重要的影响。肖邦说："聪明的人绝不等待机会，而是攫取机会，运用机会、征服机会、以机会为仆役。"这句话至今被许多人奉为座右铭。

他在19岁时就已创作了两首钢琴协奏曲。1829年至1831年间，肖邦在华沙、维也纳、巴黎各地举行了多场音乐会，他的演出受到了专业报刊的高度评价："柔和的演奏，难以形容的流畅，能够唤起最深感受的完美演绎。"他是"音乐地平线上最闪亮流星中的一颗"。1829年肖邦情窦初开爱上了音乐学院的女同学，但是这段秘密的爱情无疾而终。因为1830年波兰爆发了反对外国势力瓜分波兰的起义，肖邦无法回国，而肖邦的父亲也建议肖邦暂时留在国外。1831年肖邦最终忍痛离开故乡波兰移居到了法国巴黎，开始以演奏、教学、作曲为生。

1830年11月，20岁的肖邦告别亲人，在华沙城郊的老师埃斯内尔与同学为他送行。老师埃斯内尔为他谱写了送别曲《即使你远在他乡》，告诫他不要忘记自己的祖国。埃斯内尔还送他一个闪闪发光的银杯，里面装着祖国波兰的泥土，这是埃斯内尔送给肖邦的特殊礼物。

肖邦移居到巴黎后，很快爱上了这座城市，巴黎的建筑和大城市氛围深深吸引着肖邦，他在一份寄回波兰的信中写到，巴黎是"世界上最美丽的城市"。

他在巴黎先是拜他的偶像法国籍德国钢琴家和作曲家卡尔克布雷纳为师，继续学习钢琴，但是他感觉受到了教学方式的限制，课程只进行了不到一个月。肖邦在巴黎参加音乐会的演出以赚取生活费。

肖邦初到巴黎时，没有几个人知道他，而誉满全市的则是钢琴家李斯特。一个晚上，李斯特举行公演，大厅挤满了慕名而来的听众。按照当时音乐会的习惯，演奏过程中灯火全熄。这天的钢琴演奏那样深沉淳郁，没有一丝一毫追求表面效果的东西，听众如痴如醉，认为李斯特的演奏又进入了一个新的境界。

演出结束，灯火重明，在听众的狂呼喝彩声中，立在钢琴旁答谢的，却是一名陌生的青年——原来是李斯特在灯火熄灭之际，悄悄地把肖邦换了上来。他用这样的方式，把肖邦介绍给了巴黎听众，而肖邦也不负众望，一鸣惊人。

肖邦通过音乐会、作曲和教授钢琴课，从1833年起便有了稳定的收入，经济上没有了后顾之忧，他甚至有一辆私人马车和随从，他的衣服都是用高档的材料制成。而相比之下，19世纪的其他音乐家如理查德·瓦格纳和彼得·伊里奇·柴科夫斯基则还需要指望着资助者的赞助。

在浪漫主义时期，肖邦作为一名杰出的波兰民族音乐作曲家，拥有非常独特的历史地位。在19世纪欧洲音乐发展史上，民族音乐风格占有主导地位。尽管肖邦所有的作品都具有来自波兰传统的音乐风格，但肖邦的玛祖卡更为集中地展现了波兰传统的民族风格。在玛祖卡中肖邦运用了至今仍为世界所仰慕的最优美的波兰旋律，使得当今的音乐家们第一次真正意识到了他音乐中独特的波兰传统风格。

肖邦大量的钢琴作品中只有3部奏鸣曲，当时维也纳古典主义音乐对音乐形式的严格要求使得肖邦无法掌握自如，或者肖邦根本不愿意受形式所约束。肖邦的第一部奏鸣曲是早期创作的，献给了他的老师，他的第三部奏鸣曲是一部纪念作品。

肖邦最受欢迎的是钢琴奏鸣曲2号b小调，其中的第三乐章是著名的《葬礼进行曲》。肖邦的这部钢琴奏鸣曲在当时引起了争议。首先，奏鸣曲的所有乐章都是用小调写的，这在当时是不同寻常的，小调奏鸣曲习惯上至少应当有一个乐章使用大调。其次，各个乐章的主题令人憎恶，这引起了舒曼的抗议，第一乐章令人喘不过气来，第二乐章诙谐曲近乎粗暴激烈，第三乐章葬礼进行曲被舒曼形容成"残暴"，而第四乐章则缺乏曲调，所有这些在当时都是不合时宜的。除此之外，肖邦还作有4首叙事曲和4首诙谐曲，都是相当精致的作品。肖邦的练习曲和另外三首肖邦去世后才发表的作品，对弹奏技术的要求很高，同时又非常适合于音乐会上演出，代表作品有《c小调革命练习曲》。肖邦将练习曲带入了一个新的境界，此前的练习曲，比如卡尔·车尔尼的练习曲，大都只专注于教学目的，而后来的弗兰兹·李斯特、亚历山大·斯克里亚宾和克劳德·德彪西也都对练习曲有所贡献和发展。

肖邦交友广泛，他的好友包括巴尔扎克、海涅、亚当·密茨凯维支，画家德拉克罗瓦，音乐家李斯特、费迪南·希勒，女作家乔治·桑。这一群年轻的艺术

肖邦故居

家怀揣着乌托邦的梦想对这个世界进行大胆构想。肖邦这个满面病容的年轻男子来到这些人中间，用他诗一样的音乐迷住了这些人。当时最伟大的音乐家李斯特是首先承认肖邦音乐天才的伯乐之一，李斯特出席了肖邦初到巴黎时举行的一场音乐会，另一位音乐大师门德尔松就坐在他的旁边。当肖邦的琴音响起，他们二人马上意识到这个年轻人恐怕会超越自己，音乐会结束时这两人都给予肖邦热烈的掌声。也许李斯特有一瞬间曾担心这个面容憔悴的男子会让自己的音乐黯淡无光，但是最后李斯特真诚地崇拜肖邦的音乐，不愿让他的音乐湮没在历史长河之中。后来李斯特与肖邦成为毕生挚友。

与李斯特不同的是，肖邦身上带有几分中国道家遁世的意味。然而这种味道在他弹奏的时候消失殆尽，他是天生的音乐家。只是可惜上帝给予他天才，却又剥夺了他的生命，就像莫扎特一样。

1848年，肖邦在巴黎举办了他最后一次音乐会，此后他访问了英格兰和苏格兰，本打算11月在伦敦举行几场音乐会和沙龙演出，但由于肺结核病情严重不得不放弃这些计划返回巴黎。1849年他的病情加重，已无法继续授课和演出，最终于10月17日在巴黎市中心的家中去世，时年39岁。肖邦曾希望在他的葬礼上演奏莫扎特的《安魂曲》，但是莫扎特《安魂曲》的大部分是由女性演唱的，举办肖邦葬礼的教堂历来不允许唱诗班中有女性，葬礼因此推迟了近两周。最后教堂终于做出让步，允许女歌手在黑幕帘后演唱，使得肖邦的遗愿能够实现，有将近三千人参加了10月30日举行的肖邦葬礼。

他是巴黎这座城市里一个孤独怪诞的人，是这个经常弥漫在雨水中的城市里一片温柔的星光。报纸不止一次报道了他逝世的消息，他面带微笑，朋友们却急于对他的声望表示颂扬，巴不得他已经死去。"看到我还是个活人，他们真感到为难。"肖邦这样说。他的身体在音乐厅中飘荡如同幽灵，优美的音乐如同火焰在风中舞动。批评家抨击这样的音乐，而诗人和孩子却理解他。"让批评家们笑话去吧！"有一天，这些曾经尖酸刻薄的批评家会明白，有些音乐是要用灵魂才能感受的。

根据肖邦的遗愿，他被葬于巴黎市内的拉雪兹神父公墓，下葬时演奏了奏鸣曲中的《葬礼进行曲》。虽然肖邦被葬于巴黎的拉雪兹神父公墓，但按他的要求他的心脏被装在瓮里移送华沙，封藏在圣十字教堂的柱子里。柱子上刻有《圣经·马太福音》的第6章第21节："因为你的财宝在哪里，你的心也在哪里。"拉雪兹神父公墓里的肖邦墓碑，总是吸引着许多参访者，即使是在死寂的冬天，依然鲜花不断。后来肖邦在波兰的好友将故乡的一罐泥土带到巴黎，洒在肖邦的坟前，使肖邦能够安葬在波兰的土地下。

肖邦一生处于民族的危亡时期，强烈的爱国主义思想成为他创作的主旋律。而为了表达自己思念祖国、怀念故土之情，他的作品又深深植根于波兰传统民族音乐的沃土之中。"把我的心脏带回祖国"，这是肖邦最后的遗嘱。

为了纪念肖邦，波兰华沙每五年举行一次肖邦国际钢琴比赛。自肖邦去世后，以其名字命名的有小行星肖邦3784、华沙弗雷德里克·肖邦机场等。

"因为你的财宝在哪里，你的心也在哪里。"你的身体腐朽，灵魂却不泯灭，藏在每一首曲子，每一个音符，追逐你的诗到远方。

罗伯特·舒曼（1810—1856）
人才在工作，而天才则在创造

> 当你演奏的时候，别管你的听众是谁。当你演奏的时候，要永远觉得有一位大师在旁听。

——罗伯特·舒曼

舒曼曾对萨克森的月亮女神一往情深。他在日记中写道："一个月明之夜，我看到自己心爱的姑娘，仿佛觉得吹过山泉的微风之中听到她动人的笑声。"还有一次他与"月亮女神"幽会，看到一块乌云闪电般地在东方升起，然后又出现朵朵乌云，在高空层叠而上，他立刻握住"女神"的手说："呵！亲爱的，甚至生命也是这样。"不过，文学与音乐慢慢开始让他变得矛盾起来，他开始迷茫起来，自己命运的风帆究竟该驶向哪一片蔚蓝大海？

1854年的一天，天下着瓢泼大雨，一个穿着绣花睡衣的男人，走在莱茵河的古桥上。他混在那些带着假面具的人群当中，没有人发现他，他纵身一跃，就跳进了莱茵河里。这个时候，惊动了莱茵河上的船夫，船夫们急急忙忙把这个跳进河里的人救了上来。被救上来这个人，坐在地上浑身发抖，一言不发，人们不知道应该把他送到哪里去。围观的人越来越多，这时有一个人认出了他，大声地喊道："他是舒曼！音乐家舒曼！"人们簇拥着，把他送回了家中。舒曼用紧张的眼睛，看着每个人都戴着面具，他用手也把脸给捂上了，仿佛那也是一个面具。

提起罗伯特·舒曼，我们必然会想起音乐家约翰内斯·勃拉姆斯。在世界上所有的音乐家中，还能够有谁赶得上他们两人之间如此密切的关系呢？联系着他们之间的，不仅有共同追求的音乐艺术，还有他们都一往情深爱着的一个女人。

1810年6月8日，舒曼出生于德国萨克森的茨维考城。他父亲开着一家书店兼营出版，可却是一个没什么才气的人。父亲写过几部小说，质量都不高没有引起重视。这样一个有极大创作欲望而没有创作才能之人，在培育后代上却超过了一般人的水平。舒曼幼年时就显示出非凡才华，他对文学和音乐都非常钟爱。他8岁时开始学习钢琴，9岁就能够写出几首钢琴曲和小步舞曲，12岁时组织过一个小型管乐队，办得有声有色。不仅如此，在中学时代，舒曼就已经是许多抒情诗、3个剧本和2部长篇小说的作者。青年时期文学带给他的动力要比音乐更强一些，他17岁就已经贪婪地吸取拉丁文和希腊文的古典著作中的养分，同时浪漫主义诗人让·保尔·里克特的作品让舒曼深受影响。那时舒曼陶醉于大自然，陶醉于爱的本能与纯真。据说，他还曾对萨克森的月亮女神一往情深。在日记中他写道："一个月明之夜，我看到自己心爱的姑娘，仿佛觉得吹过山泉的微风之中听到她动人的笑声。"还有一次他与"月亮女神"幽会，看到一块乌云闪电般地在东方升起，然后又出现朵朵乌云，在高空层叠而上。他立刻握住"女神"的手说："呵！亲爱的，甚至生命也是这样。"不过，文学与音乐慢慢开始让他变得矛盾起来。他开始迷茫起来：自己命运的风帆究竟该驶向哪一片蔚蓝大海？

18岁那年，舒曼高中毕业。他仍然不知自己该从事哪一行业，最终母亲帮他做出抉择，攻读法律。母亲其实很不喜欢儿子学习音乐，当她听到儿子想当一名音乐家时，竟然暴跳如雷、百般阻挠。无奈的舒曼屈服了，听从母亲的话进入莱比锡法律学校攻读法律。在校这段时间，舒曼过得一点也不快乐。他也曾试图顺从母亲的意愿，可是结果都不尽人意。对于舒曼来说，法律这个伴侣未免太过于平庸。他喜欢结交朋友、热爱美酒佳人，艺术事业也许更为合适。在他给母亲的信中，曾这样谈到自己的苦闷："如果这里有人能够真正了解我，满怀同情地了解我，纯粹出于对我无私的爱，事事为我着想，那该多好！"其实母亲并不是一个硬着心肠一心要把自己儿子从他热爱的职业上扭转过来的自私妇女，她只不过是想一个律师能带来安全而舒适的生活，而一个音乐家的生活却是流浪而没有把握的。

在大学期间，舒曼挥霍成性。家人为了杜绝他这种恶习便限制他的生活费，于是舒曼一再向母亲伸手要钱。他写信回家说："一天只吃一顿饭，没有钱买邮票，没有钱修钢琴，没有钱添置新衣物。"他甚至还说："在绝望之中，我甚至不能用枪把自己的生命结束掉，因为我没有钱买手枪。"最后他放弃攻读法律。在学校里，他一直跟随一位名叫弗雷德里克·维克的教师学习钢琴。舒曼多次向母亲提出请求，希望母亲能够同意他学习音乐。最后，母亲同意把决定权留给舒曼的教师，并写信给维克："我知道你爱音乐。不要因为你对音乐的爱好为罗伯特求情，而是要考虑他的年龄、他的条件、他的力量和前途。"

得到母亲的默许后舒曼开始励志要成为一名演奏家，而年轻的舒曼首先面临的问题是如何养活自己。作曲家的生活也许意味着贫穷、挫败、默默无闻。为了生活能有保障，舒曼开始练习琴技。他渴望自己做出伟大成就，各种音乐构思在舒曼脑子里浮现，但是从一开始他就遇到技术障碍：缺乏正规训练。直到他年纪稍微大一点，才开始接受作曲上的正规训练。不过，他那大好时间也都分散在音乐与诗歌之间。"音乐与诗歌"令舒曼欢喜，也令他苦恼。使他像徘徊在两张凳子之间，不知道究竟应该坐哪一个，最后只好站在中间。正如他自己所说："如果我在诗歌和音乐方面的才能专注在一个方面，光华就不会如此分散了……"这不免使他有几分伤感，他意识到自己永远不可能跻身于最伟大的人物行列了，但他又不愿意放弃这种尝试，他告诉自己："我不能甘心做一个庸碌无为的人而死去。"

舒曼的社交圈基本是以维克教授的家庭为中心的。20岁那一年，他见到了维克教授的宝贝女儿克拉拉，舒曼对她一见钟情。这一年，克拉拉才11岁，还是一个小姑娘。可是几年之后，18岁的克拉拉与舒曼发展到在后花园私订终身时，维克忍无可忍。他大发雷霆，不允许女儿再与舒曼有来往。父亲爱护自己女儿是肯定的。克拉拉5岁时维克就与她母亲离婚，一个人带大克拉拉，这是多么不容易。他曾无比疼爱地说："克拉拉出生那天，天空在飘雪，一片雪花意外地落入我怀中，我接住了，那就是你克拉拉。"而克拉拉对舒曼更加重要，在克拉拉很小时，舒曼就对她说："我常常想到你，不是一个人在想着他的朋友，而是朝圣者想着远方的圣坛。"一个说是冰晶雪花，一个说是圣坛，两个人像是在进行比赛，看看谁能把最美妙的语言献给克拉拉。

维克教授怎么也不能允许自己的宝贝女儿被舒曼抢走。何况，当时舒曼家里并不富裕，他只是一个跟随自己学习的穷学生。父亲曾对女儿吼道："如果你再与舒曼来往，我就不认你这个女儿，并废除你的继承权。"他还说如果看见克拉拉和舒曼在一起，就用手枪把舒曼打死。克拉拉也心意坚决地

舒曼与克拉拉

给父亲写了一封信，她说得极为明确："我对舒曼的爱，是真实的爱情。我爱他，并不只是热情，或是由于感伤的兴奋，这是由于我深信他是一个最善良的男人之故。其他男人，绝对不能像他那样用纯洁的、诚恳的态度爱着我，而且对我这么了解。如果从我的立场来说，只有他完全属于我，我才能全心全意爱他。并且深信，我比任何女人更了解他。"与此同时，舒曼与克拉拉向法院提交了起诉书，经过11个月漫长诉讼，维克教授败诉，舒曼与克拉拉在1840年9月13日正式结为夫妻，这一天正是克拉拉21岁生日。这一年，舒曼在音乐创作上也达到高峰，仅仅歌曲他就写了138首，其中包括最重要的抒情套曲《诗人之恋》和《桃金娘》。很明显，这是他献给克拉拉的新婚礼物，也同样献给自己。在《桃金娘》歌曲集上，他挑选出《献歌》这首曲子里诗人吕克特的诗献给了克拉拉："你是我的生命，你是我的心；你是大地，我在那儿生活；你是天空，我在那儿飞翔……"

1841年，舒曼便创作出他一生中第一部也是最重要的一部交响曲——《春天交响曲》。这是一部纯粹抒情的作品，讲述舒曼与克拉拉结婚后那种幸福心情。"慢板引子中的法国号、小号与长笛、双簧管起伏跳跃的对答回应，仿佛是他们

两人呼应的心音。同时，奏出了春天万物复苏、回黄转绿的律动和萦绕在他们心底最动人的抒情。"最动人的要属第二乐章，舒曼给它起名叫"夜晚"。曲子依然是动人熟悉的小提琴演奏，并时不时伴有双簧管、法国号。曲子柔情似水、如歌如诉，略略带有忧郁之情，宛如夜风习习，如温情的抚摸，如花香馥郁。这是舒曼献给克拉拉的情歌，克拉拉听过后激动地说："我完全被欢乐所占据。"

舒曼一生之中最动人的乐章都出自这个时期。他的美好生活在这个时候开始，也在这个时候结束，好日子来得不容易却又是那样短暂。克拉拉是知名音乐家，而舒曼却是地位低下的无名之辈。他不喜欢别人总称呼他为"克拉拉·维克的丈夫"，可朋友们总是将他的"平庸之才"与妻子的"超人天才"相提并论，这使舒曼内心一再受挫，也使克拉拉很苦恼。舒曼并不是一个容易相处的人，他心不在焉、心情急躁、优柔寡断，像风儿一样没有方向。原来以为婚姻会治好早期潜伏的忧郁症，可是不但没有治好，更使舒曼常常感到伤感。结婚四年后，舒曼离开莱比锡，在德累斯顿定居下来。忧郁症时不时就会发作，为了健康他常常去乡间旅行。可是疯人院那恐怖景象常常在舒曼脑海中浮现，他说："这是一种不可抗拒的厄运正在威胁着我，我就快要神志不清了。"

他开始争分夺秒地工作，不断练习钢琴。钢琴对于舒曼来说非常重要，因为他起初就是跟着维克教授学习钢琴，妻子也是卓越的钢琴家。一位英国学者说："他喜欢弹奏钢琴就像其他人喜欢写日记一样，他可以将自己心中最深处感情方面的秘密向它吐露。"舒曼曾在给克拉拉的信中说到："我渴望表达我的感受，在音乐中我为它们找到了表达途径。"1838年，舒曼创作出钢琴曲《童年情景》。据说，这部曲子写完之后，舒曼就急忙又给克拉拉写了一封信。他写道："我发现没有任何东西比期待和渴望会增强一个人的想象力，这正是过去几天我的情况。我正在等候你的信，结果我谱写了大量曲子——美丽、怪诞和庄严的东西；有朝一日你弹奏它时会张大眼睛的。事实上，我有时候感觉到自己充满了音乐。在我忘记之前，请让我告诉你我作了什么曲子。是否这就像你曾经对我说过话的回声："有时我对你就只像个孩子。'总之，我突然有了灵感，即作成了30首精巧小曲子，从中我挑选了12首将它们取名为《童年情景》。"

《童年情景》在发表时又加上一首，一共是13首。第一首是《异国和异国人民》。这首小曲，能勾起我们对童年的那些记忆。儿童时代，听长辈们讲述那些遥远的异国故事，我们会是什么想法呢？一定是好奇着想要去异国看一看，去真实感受一下。第二首是《离奇的故事》。曲子给人一种神秘之感。天真的孩子们仿佛正围在一起聆听一个遥远又神奇的传说。节奏此起彼伏，来渲染故事的神秘感，表达孩子对故事的好奇心。第三首是《捉迷藏》。这是儿时最喜欢最富意趣的游戏。乐曲中跳动着音符，顺流旋律，使人们又回到那无忧无虑嬉戏玩耍的时代。第四首是《孩子的请求》。随着音乐慢慢开始展开，一幅孩童在母亲怀中撒娇之态跃然而现，亲切温柔的旋律充满稚气，并带有祈求、幻想情绪。结尾在属七和弦的七音上，形象地描绘了孩子提出请求期待答复时的神情。第五首是《足够的幸福》。这段曲子主要是对孩子心理的描述，欢快的旋律音型在高低声部轮番出现，内声部固定切分节奏、丰满的和声都微妙刻画了孩子得到所期望的东西后那种满足和幸福。第六首是《重要事件》。某些情况发生，对大人来说或许是一件微不足道的小事，可在孩子心中却十分重要。夸张而单纯的顿音、呆板的节奏，呈现出孩子一本正经的严肃面孔，令人发笑。第七首是《梦幻曲》。这是其中最精彩迷人的一首，常单独演奏，还被改编为各种乐器的独奏曲，并广为流传。乐曲节奏缓慢平稳，旋律起伏均匀，细腻动人，在丰满温和的和弦衬托下，渗透着梦境般静谧甜美的诗意，一会儿像是在月夜里飘游，一会儿又像是插上了翅膀在天空中翱翔，一切都是那样轻柔缥缈。第八首是《在壁炉旁》。柔和舒展的旋律形象地描绘了一幅充满融融之乐、和谐、幸福的家庭，孩子们坐在壁炉旁和妈妈一起唱歌跳舞，还听爸爸讲有趣故事，音乐是那样柔和安详。第九首是《木马游戏》。骑木马也是能令孩子们非常快乐的游戏。在持续音上奏出带切分节奏的旋律，简洁生动，使人联想到前后晃动的木马和木马上兴高采烈的小骑士。第十首是《过分认真》。有时候，家里发生什么事，孩子们或许不怎么明白，那他们小脑袋里是怎么想的呢？乐曲运用切分旋律，构成严肃单调的主题，恰当地描绘出孩子努力思索的神情。第十一首是《惊吓》。有时候孩子们也会听到鬼故事，他们担心那种事情会不会发生在自己身上。音乐在这儿罩上一层恐怖色彩，刻画出儿童听到鬼怪故事后害怕惊恐而又好奇的心理。第十二首是《入眠》。乐曲描绘出孩子们入睡时的情景，卡农式的手法，形成了摇篮曲般温和宁静的气氛，中间转调更增添了乐曲梦幻般的色彩，最后平静舒缓的音乐表明孩子已酣然入睡。第十三首是《诗人的话》。这首终曲是以成人的口吻写成，旋律悠缓，蕴含着迷惘惆怅的心情，表达了作者对金色童年的无限眷恋。

关于这部钢琴曲，最动听的便是第七首《梦幻曲》。舒曼自己对克拉拉说："它们尽可能容易。"所谓一种"大道无痕、大味必淡"的境界。《梦幻曲》既适合克拉拉这种钢琴家演奏，也适合孩子们练习，老少皆宜。这使《梦幻曲》独具魅力，这一简单形式在当时升堂入室占据了重要位置。

只是，这位音乐诗人寿命不长。舒曼开始变得越来越神经质，有一天早晨，他从床上跳起来嚷嚷道："你会相信吧？亲爱的克拉拉，我告诉你的都不是假话。"然后跑出去，跳到莱茵河中。之后他被渔民救了上来，克拉拉便把他送入精神病院。这位极端敏感的艺术家，一生表现的机会竟那样有限，他的故事不可能有幸福结局。死亡一步步来临，他最后连自己的妻子儿女都不认识了。

在他生命的最后时刻，克拉拉去精神病院看他。这是舒曼住院后克拉拉第一次去。舒曼看到妻子，仿佛认出了她。克拉拉描述说："他对我微笑，搂住我。不过他那样做非常吃力，因为他几乎不能控制他的肢体。"舒曼在死亡边缘拖了两年之久，最后在去世之前，他像孩子般吻了克拉拉。克拉拉着实不能面对舒曼离去，她不想忘掉他们一同走过的那些幸福岁月。面对过往，克拉拉痛得无法忍受，她说："我永远忘不了他亲吻我的那个时刻。世界上所有财富也抵不上那个亲吻。"

1856年7月29日舒曼逝世，被埋葬在波恩。

弗朗茨·李斯特（1811—1886）
我永远都爱这样的我

> 人的最高尚行为除了传播真理外，就是公开放弃错误。
>
> ——弗朗茨·李斯特

李斯特早期的一些钢琴改编曲只是为了显示近代的钢琴可以和管弦乐队相匹敌，这是浪漫主义者追求诸艺术联合的一个典型标志，但听众和评论家把这些作品当作了李斯特创作想象力的典型产物。这是一个悲剧，因为正是它们受到的欢迎助长了李斯特内在浮夸的倾向，因而也没有能够成为近代音乐的救星。可是后人依然会铭记他，每一个音符都在脑海中飘荡，最后扎根开花。

　　他会穿着匈牙利马扎尔服装，佩戴着饰以珠宝的宝剑，胸前挂着勋章出现在崇拜他的观众面前。他把一架冰冷的钢琴变成一个神奇的音乐精灵，他的双手就这样在钢琴上来回驰骋。演奏完毕当他脱下天鹅绒手套，台下的女士们就会昏厥过去。他就是匈牙利音乐家、伟大的浪漫主义大师——弗朗茨·李斯特。

　　虽然他不是个超凡入圣的作曲家，但李斯特作为一位钢琴大师，在音乐史上仍占有一席之地。他同时也是指挥家、评论家、和其他十几位艺术家的慷慨支持者（特别是瓦格纳）。他开创了演奏钢琴的现代技巧，在钢琴作曲和声与曲式方面是个开路先锋。在管弦乐方面，他的伟大创新是交响诗，他在所有专家中是最具专长的学者之一。音乐学家爱因斯坦认为他的历史重要性"无论如何夸大都不为过"。

简单来说，他更容易被大众定义成一位钢琴演奏家。他受意大利小提琴演奏家帕格尼尼启发，决心在钢琴上创造出同样的奇迹。他的演奏风格继承了克列门蒂、贝多芬等人动力性钢琴音

李斯特在演奏

乐传统，发展了一种19世纪音乐会炫技性演奏风格。在作曲方面，他主张标题音乐，创造了交响诗体裁，发展了自由转调手法，为无调性音乐诞生揭开了序幕，树立了与学院风气、市民风气相对立的浪漫主义原则。李斯特追求一种令人眩晕的、具有炫技特点的钢琴演奏风格：极快的速度、响亮的音量、辉煌的技巧、狂放的气势，令当时的人们为之陶醉。这种辉煌浪漫、极富个性的钢琴演奏风格，确立起欧洲钢琴演奏艺术史上影响最大的一个流派。

李斯特的前奏曲极有特点。音乐的标题性是李斯特的创作特征之一，他认为这样便于为最广大的听众所理解和接受。他主张音乐同其他姊妹因素保持联系以丰富音乐的表现力。他的许多作品就是以歌德、雨果、席勒等文学家的著作为题材写成的。李斯特是"交响诗"这一音乐体裁的发明者，他把多乐章的因素合成单乐章的形式，作曲家在其中再现自己的感受和心灵的阅历，并与之取得交流。曲名和副标题为听者提示感受来源和阅历性质，过于繁复时，则加"标题"。主题素材处理比较灵活，李斯特经常采用单主题发展原则，充分利用和声色彩手法。

奖章

李斯特的交响诗共13首，都带有标题，它们的艺术形象丰富多样，内容涉及古代的神话世界（《普罗米修斯》和《奥菲欧》）、历代的文学名著（歌德的《塔索的悲欢与胜利》、雨果的《山间所闻》和《玛捷帕》、莎士比亚的《哈姆雷特》、席勒的《理想》和拉马丁的《前奏曲》）、绘画艺术的珍品（考尔巴赫的《匈奴之战》和济奇的《从摇篮到坟墓》）以及作者祖国的形象（《匈牙利》和《英雄哀歌》）等。交响诗《前奏曲》原是李斯特1844年根据法国诗人奥特朗的诗作《四元素》（风、水、星、土）而写的四首男声合唱曲的前奏部分。十年之后，当作者重新把它改写成交响诗时，他又决定为它另找内容相应的诗篇作为依据——他选择了另一位法国诗人拉马丁《诗的冥想》中的一篇，把它刊印在总谱扉页上，作为乐曲的说明："我们的一生，不就是由死神敲出头一个庄严音符的无名之歌的一系列前奏吗？爱情是每一颗心最向往的曙光，暴风雨猛烈的冲击驱散了青春的幻想，它那致命的雷电毁灭了神圣的祭坛。可是，最初感到的愉悦与欢乐不受到暴风雨干扰的那种命运在哪里呢？有没有这样遭到过残酷折磨的心灵，当暴风雨过去后它却不从田园生活的宁静中去寻找抚慰呢？然而，看来人们很少会长久于昔日投入大自然怀抱时所获得的那种温柔与平静；一旦号角长鸣，他便急速奔向召唤着他的危险岗位，以便在战斗中完全恢复自信，并充分发挥他的力量。"由于这段诗意的标题是在作品完成之后才找到的，很自然诗与音乐的内容不可能完全吻合。不过，对李斯特说来，作品的标题只是转译乐思的一个出发点或象征，音乐可以惟妙惟肖地去表达这一象征辉煌壮丽的全部内涵，但很少为这一象征进行文学的解释。也就是说，李斯特一方面要求他的音乐作品建立同文学的联系，另一方面，他又认为这种联系不必过分明确，即音乐必须去表现主要情绪内容，如得意和胜利，悲伤和失败，而不是去描述故事的具体细节。

交响诗《前奏曲》正是这样。它的音乐大致可以分成与拉马丁原诗相适应的四段，基本上相当于一部交响曲的四个乐章。全曲由两个基本主题发展而成，而这两个主题又都缘起于引子的同一个动机。乐曲开始有两个阴沉的拨弦音，带有不祥的色彩，随后弦乐展现出宏伟庄严但还有点朦胧的引子，慢慢演化成乐曲第一段的基本主题。它的性格鲜明，用长号大声宣告，由于大管和低音弦乐器参与齐奏，又加深了它那傲然挺拔的印象，这时候其他弦乐器还用分解和弦构成汹涌起伏的音型伴随着它。不多久，主导动机的另一变形穿插出现，这时它是抒情的，那流畅的旋律只在弦乐器声部中进行，配器显得十分清澈，大提琴温暖的音色丰富了它固有的柔情。紧接着出现的第二主题也是抒情的形象，采用圆号四重奏的方式（还有加弱音器的中提琴分奏）呈示，音乐的色泽柔和、优雅，竖琴的清澈伴奏还为它添加一层真挚的意味。

李斯特运用这第二主题的素材，很快便营造出一个强烈而热情充溢的高潮，然后又用弦乐器同木管乐器的对答，使这雄浑的气势逐渐松弛下来，最后以长笛和竖琴幻想的效果，结束这相当于原诗的"青春的幻想和爱情的曙光"一段。乐曲的第二段，类似交响曲的谐谑曲乐章，相当于原诗"生活的狂飙"部分，即驱散青春幻想的狂风骤雨。音乐的速度转快，主导动机的另一个变形所突出的半音阶进行，是这暴风雨场面的重要特技所在。作者用一系列减七和弦、弦乐器上的震音、不稳定的调性和经常变换的速度，促使一切更加咆哮，更加沸腾；其中夹杂着雄壮的号角声（又是主导动机的另一个变形），仿佛促使听者记起这是冲击着人们心灵的暴风雨。随后，暴风雨渐次平息，气氛渐趋稳定，穿插在第一段中的一个抒情主题又在双簧管声部浮现，宛如在苦难中回想起爱情一般。乐曲第三段——相当于原诗中"田园的宁静和心灵的抚慰"部分，也可以说是发展部的后半部分，这是暴风雨过后惯常出现的抒情慢板乐章。这段音乐非常活跃并且富于田园风味，完全是和平的乡村景色的写照。它的主题生机勃勃，带有春天特有的新意，而主题逡巡于弦乐器与木管乐器声部之间，近似无虑的嬉戏。在整个乐曲中，只有这个主题不是从主导动机孕育出来的。这段音乐的美主要来自木管的色彩变换，随后同爱情主题的交织也使它添加几分魅力。最后，当它掀起另一次高潮（明显改变调性并加速转动，突出号角合奏效果）时，好像预示着将有重大事情发生。最后一段相当于原诗的"战斗与胜利"部分，可以比作交响曲的终曲。在这里主题出现的次序倒了过来，第一段的基本主题在这里只是到最后才以进行曲的步调强有力地强调全曲的胜利结局；其次，第一段中的两个抒情主题全都变得威武堂堂，也有进行曲的特点，交由铜管乐器演奏或用铜管乐器强调，从而增加了雄伟的气势。乐曲的尾声因加入一些打击乐器（大鼓、绷弦小鼓和钹），音量大增，速度的加快也使情绪变得更为激昂，乐曲结束时效果灿烂辉煌。

另外一部值得介绍的作品是他的匈牙利民歌主题幻想曲。李斯特的匈牙利民歌主题幻想曲是根据他创作的《匈牙利狂想曲》第14首改编过来的。1853年6月1日，李斯特最忠实的也是最杰出的学生彪罗在布达佩斯首演了这部作品，因此李斯特将该曲题献给彪罗。

李斯特在广泛收集匈牙利民歌和吉卜赛音乐的基础上，在19世纪40年代到50年代，创作了19首在他的全部作品中占有重要地位的《匈牙利狂想曲》。19世纪的匈牙利是一个在奥地利帝国统治下经济文化落后的弱小国家。在匈牙利民族英雄科苏特（1802—1894）与著名诗人裴多菲（1823—1849）等人的领导下，要求摆脱奥地利统治的民族解放运动风起云涌。在这一革命浪潮的影响下，19世纪中叶兴起了以发掘并发展匈牙利民族民间音乐为目标的匈牙利民族乐派，李斯特就是这一乐派的代表人物。由李斯特创作的这些《匈牙利狂想曲》虽然属于他在探索发展匈牙利民族音乐道路上初开的花朵，但是演出之后，立即震动了世界乐坛，堪称是匈牙利民族乐派奠基性的作品。特别是其中的第二、第六首《匈牙利狂想曲》，在世界乐坛上经久不衰。

李斯特的《匈牙利狂想曲》，其音调源于匈牙利的"查尔达什"舞蹈音乐，这种舞曲中包括匈牙利音乐特有的切分法，以及随处插入即兴式的华彩等。"查尔达什"舞蹈音乐经常包括两部分对比形象的舞曲：一种是称为"拉绍"（意为

"缓慢")的庄严徐缓部分，另一种是称为"弗里斯"（意为"新鲜"）的具有原始激烈节奏的快速部分。李斯特直接引用匈牙利民歌和民谣风格创作的《匈牙利狂想曲》，严守"查尔达什"形式的作品很少，不过都采用与"查尔达什"类似的形式。

乐曲以定音鼓的微弱滚奏和低音弦乐的断续音型为背景，乐队演奏出庄严而肃穆的引子，随后钢琴威严而堂皇地进入，在乐队演奏的引子中间即兴演奏。几次反复和酝酿后，钢琴以一小段华彩旋律，引出缓慢而庄严的第一主题。该主题具有傲然的气概和斩钉截铁的节奏，乐队再现它时更是强调了其音响的辉煌灿烂。钢琴一大段独自的絮语引出了一段极富匈牙利特

教会教堂

色的旋律，该旋律分前后两部分，成为乐理发展的基础，随后音乐的发展主要是该旋律的变奏及第一主题的穿插再现，最后音乐在一片辉煌中结束。

李斯特的演奏天分并没有使他变得狂妄自大，这是值得人们钦佩的一点。1831年，肖邦从波兰流亡到巴黎。当时，李斯特已是名声大噪的音乐家，而肖邦只是个默默无闻的小人物。然而，李斯特对肖邦的才华深为赞赏。为了使肖邦在观众面前赢得声誉，李斯特想了一个办法。那时候，演奏钢琴时往往要把剧场的灯熄灭，一片黑暗，以便观众能够聚精会神地听演奏。李斯特坐在钢琴前面，灯一熄灭，就悄悄地让肖邦过来代替自己演奏。观众被琴声征服了。演奏完毕，灯亮了，观众看到舞台上坐着肖邦，大为惊愕。人们既为出现了一颗灿烂的钢琴演奏新星而高兴，又对李斯特推荐艺术新秀的行为表示钦佩。还有一个小故事，作曲家拉夫早年在苏黎世生活时一度非常贫困，1845年6月19日，他听说偶像李斯特要在巴塞尔举办音乐会，由于无钱乘

车，他便冒着风雨，赶到了80公里外的音乐厅。可是，他到达的时候，音乐会就要开始了，所有的门票都已售完。这时，李斯特的秘书贝洛尼发现了沮丧的拉夫，并把这情形转告了李斯特。李斯特得知后，不但破例允许他进入音乐会，而且坚持让他穿着湿衣服，与自己一起坐在舞台上。"我坐在那里，简直像是一处流淌的泉水。"拉夫回忆道，"我忘却了所有的事情，只是庆幸自己见到了李斯特。"

李斯特除了是一位天才的演奏家以外，被人津津乐道的还有他的私生活。说他是情圣一点也不为过，似乎李斯特这个名字总与女人有着关联。李斯特一生经历过好几次恋爱，最为轰动的是他和玛丽·达古伯爵夫人以及和卡洛琳·赛因·维特根斯坦夫人的恋爱。其中最为人们津津乐道的是李斯特决定与卡洛琳结婚的事情。李斯特爱上的卡洛琳，是沙皇时期声名显赫的德裔公爵维特根斯坦的夫人，这位夫人比李斯特小8岁。1847年，李斯特36岁，到俄罗斯举办他的独奏音乐会，照例赢得掌声和女人的青睐，照例举办义演来捐助当地的慈善事业。在俄罗斯的义演中，居然有人花了贵宾席票价一百倍即一千卢布的价钱买了一张票，这消息让李斯特有些吃惊。这个人就是卡洛琳夫人，他们就这样认识了。这位家中仅奴隶就有三万人的贵妇，宁可被沙皇开除国籍、剥夺一切财产、赴汤蹈火在所不惜，至死也要嫁给李斯特。他们的爱情历经周折，一直耗到李斯特50岁生日时，本来已经被教皇允许和卡洛琳结婚了，最终却仍旧没能结婚。漫长等待中的煎熬，一直持续到李斯特的晚年。1886年，李斯特75岁，他们还是没能结成婚。这样的煎熬，让李斯特皈依了宗教，将这份蚀骨的痛苦在宗教中抚平、碾碎，但他依然没有放弃卡洛琳。李斯特死后不到半年，卡洛琳也病逝于罗马，和李斯特共赴生死。李斯特说过："我所有的欢乐都得自她。我所有的痛苦也总能在她那儿找到慰藉。""无论我做了什么有益的事，都必须归功于我如此热望能用妻子这个甜蜜名字称呼卡洛琳·维特根斯坦公爵夫人。"

李斯特是钢琴巨匠，非凡的钢琴演奏家，文明世界的听众拜倒在他的脚下。但是实际上，他成了听众的奴隶，最终李斯特对旅行演出厌烦而定居罗马献身于天主教会。瓦格纳曾说："如果他不是一个名人，或者不如这样说，如果人们不是让他出了名，他可能是一个自由的艺术家，一个小小的神，而不至于沦为最愚蠢的人们——专捧技巧的听众的奴隶。这些听众不惜任何代价地向他索取惊人的表演和愚蠢的把戏，他给了他们想要的。"李斯特早期的一些钢琴改编曲只是为了显示近代的钢琴可以和管弦乐队相匹敌，这是浪漫主义者追求诸艺术联合的一个典型标志，但听众和评论家把这些作品当作李斯特创作想象力的典型产物。

这是一个悲剧，正是作品受到的欢迎助长了李斯特内在浮夸的倾向，他没有能够成为近代音乐的救星。可是后人依然会铭记他，每一个音符都在脑海中飘荡，最后扎根开花。

威廉·理查德·瓦格纳（1813—1883）
天使和魔鬼的较量

> 音乐家必须不断地反身自省，培养自己最内在的东西，以便使它转向外界。
>
> ——威廉·理查德·瓦格纳

大概没有哪个音乐家如瓦格纳一样有着如此多的话题让世人去讨论了。瓦格纳仿佛魔鬼般的人物，他精力充沛，身兼诗人、剧作家、作曲家、指挥家、戏剧评论家、戏剧改革家等多重身份，甚至还有人认为他是革命家和哲学家。然而瓦格纳又被人们称为谎言家、骗子、夺人妻者、败家子、背叛朋友的人。他反犹太人、反天主教、敌视法国。他既不道德又不名誉。瓦格纳，你是天使中的魔鬼还是魔鬼中的天使？

威廉·理查德·瓦格纳是德国作曲家，是德国歌剧史上举足轻重的人物，有着承前启后的历史意义。前面承接莫扎特、贝多芬的歌剧传统，后面开启了后浪漫主义歌剧作曲潮流，理查德·施特劳斯紧随其后。同时，因为他在政治、宗教方面思想的复杂性，成为欧洲音乐史上最具争议的人物。

大概没有哪个音乐家如瓦格纳一样有着如此多的话题让世人去讨论了。瓦格纳仿佛魔鬼般的人物，他精力充沛，身兼诗人、剧作家、作曲家、指挥家、戏剧评论家、戏剧改革家等多重身份，甚至还有人认为他是革命家和哲学家。然而瓦格纳又被人们称为谎言家、骗子、夺人妻者、败家子、背叛朋友的人。他反犹太人、反天主教、敌视法国。他既不道德又没有好名誉。

让我们一起走进瓦格纳的传奇人生。

1813年5月22日，理查德·瓦格纳诞生于莱比锡鲁尔街一栋名为"红白狮子居"的家宅中。弗里德里希·瓦格纳，是莱比锡警察总局的登录员，是瓦格纳的生父。不幸的是，当时处于动荡时期，反法联盟的形成导致1813年10月16日在莱比锡城外展开一场血战。战斗持续了三天，最后波及城市本身，大小街道上都堆满了死伤的士兵。由于莱比锡的医院无法容纳所有伤病患者，疾病很快蔓延到整个城市，数千市民死于随后爆发的斑疹伤寒。在这些牺牲者中，就有瓦格纳44岁的父亲。他身后遗有妻子和8个子女，其中最小的才6个月大，这就是刚在那年8月受过洗礼的理查德·威廉·瓦格纳。盖尔是瓦格纳的继父，这是瓦格纳人生中第一位老师，虽然他没有教给瓦格纳专业的音乐知识，却帮瓦格纳打开了一扇音乐之门。盖尔是瓦格纳生父的生前挚友，与瓦格纳一家关系甚好，在瓦格纳父亲没有去世之前，他常常去瓦格纳家里做客，同时与瓦格纳的母亲约翰娜有着密切私交。1814年，瓦格纳刚满周岁不久，约翰娜就与盖尔结婚，举家迁往德雷斯顿。盖尔是一位集演员、画家和诗人才华于一身的人。盖尔在德雷斯顿除了从事剧院工作外，同时也是位极受当地萨克森贵族家庭欢迎的人像画家。由于盖尔的能力出众，瓦格纳一家得以享受比较富裕的生活。约翰娜曾下决心不让瓦格纳像继父一样踏入戏剧界，但盖尔还是经常带小瓦格纳出入剧场，开始了戏剧生涯。盖尔还把瓦格纳介绍给自己的朋友韦伯。韦伯是歌剧《自由射手》的作曲者，《自由射手》是法国浪漫主义歌剧的早期代表，《自由射手》的成功演出，表明德国乐坛不再为罗西尼等意大利作品家所主宰。由此韦伯还被任命为萨克森宫廷歌剧团指挥。瓦格纳对他崇拜得五体投地，为了深刻理解《自由射手》，瓦格纳开始疯狂练习钢琴技巧。后来他自己也承认，韦伯确实是第一位激起他音乐热情的人。

另外一位不得不提的老师，则是贝多芬。贝多芬对瓦格纳的音乐生涯产生了最重要的影响。瓦格纳曾在德雷斯顿听过贝多芬的《菲德里奥》序曲，深为其管弦乐效果所感动。在莱比锡格万特豪斯大厦聆听过贝多芬《第七交响曲》之后，瓦格纳就一头扎入贝多芬的音乐世界。他拜莱比锡一位音乐家克里斯蒂安·戈特利伯·缪勒为师，学习了数年。对他而言，贝多芬的音乐是一种启发，瓦格纳的第一部大规模音乐创作，就是一首改编自贝多芬《第九交响曲》的钢琴曲。1830

年，他开始研究贝多芬的其他作品以及莫扎特、海顿的交响曲。他的许多早期作品以钢琴奏鸣曲与序曲为主，写成年代在1829年到1831年之间，都以贝多芬为范本。这三个人对瓦格纳的音乐之路产生了重要的影响，瓦格纳在音符的海洋中肆意挥洒，书写着他对三位大师的崇拜之情。

如同"真理"一般的存在许多都来源于他：奏响在每个人生命中最重要时刻的《婚礼进行曲》、走进剧院电影院观看表演观众席熄灭的灯光、为了视觉和音响效果而把乐队隐藏在乐池内……这些都由瓦格纳开创。在瓦格纳所生活的时代，欧洲的音乐群芳争艳。他童年时，贝多芬、舒伯特尚在人世，而诸如门德尔松、舒曼、肖邦、比才、柏辽兹、罗西尼、布鲁克纳等一大批音乐巨匠也与他有着不同程度的交往。即便在今天，他依然是人们追逐的对象，2010年科隆版《尼伯龙根的指环》在上海演出时的盛况就足以证明。

自1821年韦伯的《自由射手》上演以来，加之资产阶级革命胜利后中产阶级的出现，艺术浮华而附庸风雅，特别是在法国，歌剧愈发时髦起来。这种时髦，要么是梅耶贝尔讲究排场的大歌剧，要么是奥芬巴赫轻歌曼舞的轻歌剧。瓦格纳不满足这样的歌剧，他的野心是将诗、哲学、音乐和所有的艺术种类化为一种新的品种。从结构上，他打破了传统歌剧独立成段的形式，通过取消或延长终止法的手法，使得音乐连贯地发展。对这种连绵不断的歌剧新形式所造成的不凡效果，俄国音乐家里姆斯基·科萨科夫曾经用过一个巧妙的比喻，说这就像是"没有歇脚的一贯到顶的阶梯建筑"。这个比喻很形象地将瓦格纳这种新形式音乐的宏伟结构勾勒出来。从表演上，他打破传统歌剧中演员以演唱为主的表演形式，认为乐音就是演员，器乐的和声就是表演，歌手只是乐音的象征，音乐才是情节的载体。他认为歌剧的关键不在于情节也不在于演员的表演，而在于音响的效果。所以，在瓦格纳的歌剧里，庞大的乐队，多彩的乐思，激情的想象，乐队的效果，远远地压过了人声，即使能够听到人声，也只是整体音响效果中的和声而已。瓦格纳对器乐和乐队这样重视，让我们想起威尔第，也能够看出柏辽兹的影子。尽管他并不喜欢柏辽兹，但不妨碍他从他们那里吸收丰富的营养。瓦格纳比他们走得更远，将其发挥到极致。从音乐语言上，他打破了传统的大小调系，完

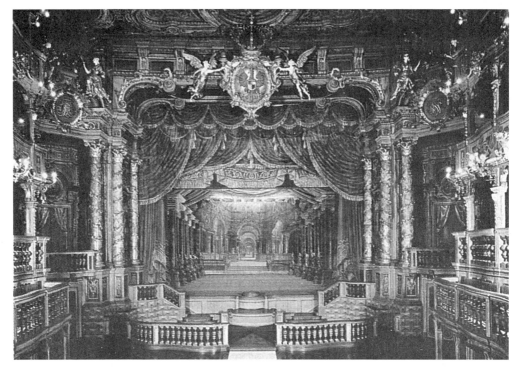

节庆大剧院

全脱离了自然音阶的旋律与和声，使得一切的音乐手段包括调性、旋律、节奏都为了他这一新的形式服务。它可以不那么讲究，可以相互交换，可以打破重来，可以上天入地，可以为所欲为。瓦格纳预示着音乐调性的解体，日后勋伯格无调系的开始在他这里埋下了种子。《尼伯龙根的指环》是瓦格纳后期创作中的重要作品，也是他一生的代表作，是他耗费了整整25年时间才得以完成的心血结晶。由序幕剧《莱茵河的黄金》、第一部《女武神》、第二部《齐格弗里德》、第三部《众神的黄昏》四部音乐歌剧组成，从脚本到音乐，完全由瓦格纳自己一个人完成（事实上，瓦格纳所有的歌剧都是这样由他自己一人完成的）。《尼伯龙根的指环》是根据德国12世纪到13世纪古老的民族诗史《尼伯龙根之歌》和北欧神话《埃达》改编而成的。这部连篇歌剧全部演出完要15个小时，是迄今为止世界上最长的歌剧，足以登上吉尼斯纪录。看完它需要极大的耐心和超强的体力。它不同于我们现在看惯的肥皂剧。据说，1876年在拜罗伊特那座能够容纳1500座席的罗马式歌剧院首演这部连篇歌剧时，要连续4天才能够演完。当时德国皇帝威廉一世和巴伐利亚王路德维希二世，以及许多著名的音乐家比如李斯特、圣桑、柴可夫斯基都来赶赴这个盛会，轰动整个欧洲。在长达15个小时的时间里，古老的神话和神秘的大自然，沉睡在莱茵河底的黄金、被锻打成谁占有谁就遭受灭顶之灾的金指环、尼伯龙根家族的侏儒阿尔贝里希、力大无比且骁勇善战的齐格弗里德以及女仙和神王……他们一个个都成了抽象的象征。这是瓦格纳极其喜爱的象征，他就是要通过这些象征，完成他的哲学演讲。庞大的故事情节、复杂的人物关系水落石出之后，金指环带给人类的灾难，必须通过爱情来获得救赎。人类所有的罪恶和丑陋，一切的矛盾和争斗，最后这样被牵引到艺术所创造的爱情中。他是那样敏感，吸取了那个时代的一切优点和缺点，他具有那个时代革命所迸发出的极大热情和革命失败后的悲观颓丧，以及在这两者之间不屈不挠对理想的追求。他所孜孜不倦顽强表达的是众神的毁灭和人类的解脱这两个主题。这两个主题，是创世纪以来直到今天也没有得到解决的问题。瓦格纳通过他的《尼伯龙根的指环》，给我们开了这样一个"药方"。

世界音乐史上曾出现过巴赫、莫扎特和贝多芬等音乐巨人，影响了一代又一代人的文化、艺术乃至生活，但他们当中没有一个音乐大师能像瓦格纳那样，影响一些世界名人的人生观和世界观，掀起了波及哲学、政治、军事的风暴，并改变了人类的历史。

在深受瓦格纳影响的众多名人中，最让人发指的是我们熟知的纳粹恶魔希特勒。瓦格纳笔下许多歌剧主题源于日耳曼人祖先们流传下来的英雄史诗。这些神话传说十分符合纳粹所宣传的日耳曼民族的种族优越感——魁梧的德意志人勇敢而坚定地与其他民族战斗。希特勒就是个瓦格纳迷。奥地利历史学家哈曼在其撰写的史书中说："每当上演瓦格纳的剧目，年轻的希特勒总是在后排的站票席上观看，几乎场场不落。"虽然瓦格纳生活的时代比希特勒早了半个多世纪，但瓦格纳的反犹主义思想与希特勒不谋而合。希特勒对瓦格纳终身崇拜，至死不渝，他说："仅瓦格纳的《特里斯坦与伊索尔德》就听过34遍，而且每听一遍都有新的感受。"他同时能把《纽伦堡的名歌手》第二幕所有歌词从头到尾背出来、唱出来。他声称瓦格纳的每一部作品都给他带来了莫大的愉快，甚至表示愿意去充当瓦格纳交响乐队中的一名鼓手，逐渐将世界分成尖锐的、毫不含糊的对立面。他继承并发扬了瓦格纳的反犹观点，对犹太人产生偏执狂般的恐惧和憎恨，极端地专注于非现实的幻想和庞大的计划中。他欣赏女武神式残酷无情的力量和成功，并时常陷入某种歇斯底里但不乏灵感肆溢的特殊精神状态。在维也纳求学期间他经常买站票（因经济拮据买不起坐票）去聆听瓦格纳的歌剧，成为国家领导人后极力推崇瓦格纳的音乐，以至于每逢纳粹党大会召开或群众集会，都少不了演奏《众神的黄昏》片段——尤其是当检阅军队、人们举手行纳粹礼的时候。他还曾多次登门造访拜罗伊特剧院，和瓦格纳家族后代结为知己；他把拜罗伊特节日剧院作为激励部下官兵、鼓舞士气的宗教殿堂，把欣赏瓦格纳歌剧作为最高荣誉和奖赏——例如从前线回来和即将奔赴前线作战的官兵，以及从事战争工业的工人都被用"帝国音乐专列火车"送到拜罗伊特免费观看《尼伯龙根指环》和《纽伦堡的名歌手》。希特勒闪击波兰、西欧、南欧、北非、苏联，发动第二次世界大战，将《尼伯龙根指环》中的战争、英雄、死亡、末日等场景付诸实践。所以，瓦格纳改变的不仅仅是音乐史。

瓦格纳的音乐情感浓郁，剧情张力强烈，气概万千，主导了整个19世纪，并把音乐世界分裂成对立的两派。在他逝世之后的一个世纪，不论是正面或是负面，对无数的作曲家影响深远。他亲自撰写每一部歌剧的脚本，选定题材后阅读大量的原始资料，先写出散文稿，再写成韵文（即脚本），最后才创作音乐。瓦格纳把主导动机的运用发展成为精美艺术，不仅用以刻画人物，而且用以揭示情感，并将主导动机运用在无比丰富的管弦乐中，致使管弦乐添了一层意义。他的歌剧也要求新的歌唱技巧和具有智慧传达他艺术精妙之处的新型歌唱家。瓦格纳使歌剧变成表现复杂感情和心理纠纷的工具，他的音乐有着令人如痴似醉的力量。

上承贝多芬，下启施特劳斯，开启了后浪漫主义歌剧作曲潮流的瓦格纳，不仅以音乐中的英雄情结和民族主义情绪塑造了纳粹文化，还曾写过评论表达他的反犹主张。在《音乐中的犹太文化》一文中，瓦格纳把犹太人视为因人类堕落而产生出来的恶魔，评论说"犹太人对德国文化产生瓦解性的影响"，因而祈求

"犹太人的倒台"。在瓦格纳的歌剧中，一些小丑的角色是对"劣等犹太人"的影射和嘲讽。在当时，瓦格纳表达的只是他个人的偏激观点。据说是因为瓦格纳在艺术圈子里和犹太同行有摩擦，他嫉妒德国杰出犹太作曲家门德尔松的才华。也许一个激烈的艺术家需要敌人，因为只有敌人的存在才令他激情亢奋。希特勒曾深情自白："在我一生的每个阶段，我都要回到瓦格纳。"即使是最后的死亡，希特勒也要像瓦格纳歌剧中的英雄那样去死。瓦格纳歌剧中的英雄都是和情人一起携手走向死亡的，例如漂泊的荷兰人和他的桑塔，唐豪塞和他的伊丽莎白。希特勒也和情妇爱娃在举行结婚仪式后双双自杀，临死时播放的正是瓦格纳歌剧中的《情殉》一曲。

亲爱的瓦格纳，你是天使中的魔鬼还是魔鬼中的天使？

朱塞佩·威尔第（1813—1901）
愿无岁月可回头

音乐是属于群众的，这是人人有份的。

——朱塞佩·威尔第

音乐是一种可以跨越种族与时空的艺术，如果你喜欢音乐，被音乐世界的伟大所征服，会自然而然地在内心哼唱一段熟悉的旋律，会不自觉地跟随音乐的节奏摇摆自己的身体。威尔第曾说："如果我不按心灵的启示写作的话，我就不可能成功！"诚然，他是一位具有力量与热情的音乐家，他的作品中展现了全部的情感与想象力。他将漫长的一生全部贡献给了音乐，在音乐的世界里成就自己，未曾浪费岁月与时光，不愿回头，不必回头。

意大利作曲家朱塞佩·威尔第出生在意大利北部布塞托附近一个经营小酒馆的家庭。威尔第13岁开始学音乐，1832年投考米兰音乐学院，未被录取，后来留在米兰斯卡拉歌剧院的音乐家拉维尼亚那里学习音乐。1842年，威尔第开始创作他的第二部歌剧《纳布科》，演出获得了巨大成功，一夜爆红成为意大利一流作曲家。当时意大利正处于摆脱奥地利统治的革命浪潮之中，他以自己的歌剧作品《伦巴底人》《厄尔南尼》《阿尔济拉》《列尼亚诺战役》以及革命歌曲等鼓舞人民起来斗争，因而获得"意大利革命的音乐大师"之称。威尔第一生共写了28部歌剧、7首合唱作品，深受人们喜爱。威尔第能获得如此成就可以说是占据了所有的优势：天时地利人和并且撞上了好运。他继承了丰富的传统；具有名家所需要的毅力与天赋；精力旺盛，去世时已近九十高龄，使他的才能得到充分展现。

威尔第登上最伟大歌剧作曲家之一的地位是无可非议的。他与瓦格纳一样一生投入歌剧创作和改革的事业中，做出了与瓦格纳不相上下、但又各具特色的巨大贡献。在19世纪50年代，他成功地创作了《弄臣》《游吟诗人》和《茶花女》等歌剧，把意大利歌剧从神话传说转向了现实世界。他创作的歌剧，音乐技巧娴熟，刻画内在人物性格细致入微，丰富并保持了意大利歌剧在音乐表演上的优势，以及歌剧音乐中传统的分曲体结构，还注重发挥乐队的作用、声乐的写作和器乐的平衡。

如果要纵向去剖析威尔第的话，那么他的音乐生涯可以分为三个时期。

第一时期是在19世纪40年代前后，这是威尔第的成名期。威尔第在米兰开始了歌剧创作活动，参与了意大利人民反抗法、奥占领的爱国运动，创作了爱国英雄歌剧及爱国歌曲。1839年初，威尔第夫妇移居米兰。同年11月，他的第一部歌剧《奥贝托》在斯卡拉歌剧院上演，观众给予了很高的评价。《奥贝托》虽然算不上是一部杰作，但在威尔第的创作生涯中却有着重要的影响，《奥贝托》打开了威尔第闯进意大利歌剧界的大门。此后，他与斯卡拉歌剧院经理莫雷利签订创作合同。斯卡拉歌剧院领导人莫雷利邀请他写三部歌剧，其中第一部《王国的一天》一败涂地。此时又值他妻子和两个孩子相继病亡，威尔第一度情绪低落。莫雷利劝说他，给他看《纳布科》的台本，剧中的爱国主义打动了威尔第的心。1842年3月9日，威尔第创作的以反映意大利民族主义情绪为主题的歌剧《纳布科》首演后大获成功，其中希伯来人合唱《飞吧思想，插上金色翅膀》令人热血沸腾，这是威尔第艺术生涯中的第一块里程碑。这首曲子后来在威尔第的葬礼上被成千上万的人们吟唱。正是《纳布科》的成功，把威尔第引上了意大利歌剧之王的宝座。

第二时期是在19世纪50年代，是威尔第创作的高峰时期。这一时期威尔第写了《弄臣》《游吟诗人》《茶花女》《假面舞会》等7部歌剧，奠定了歌剧大师的地位。威尔第善用意大利民间音调，管弦乐的效果也很丰富，尤其能绘声绘色地刻画剧中人的欲望、性格和内心世界，因而具有强烈的感人力量。1851年初，威

《纳布科》剧照

尔第以40天的时间完成了《弄臣》的全部音乐。1852年3月31日，《弄臣》在威尼斯首演。为了在首演中给观众一个惊喜，威尔第直到演出的前一天，才把那首著名歌曲《女人善变》的乐谱交给演员。果然，首演一再被观众的欢呼声和掌声打断。《弄臣》和《女人善变》不胫而走，传遍意大利各地。1853年2月19日，威尔第又一部浪漫主义杰作《游吟诗人》在罗马首演，它所取得的成果和《弄臣》相似。在结束了《游吟诗人》的创作后，威尔第立即着手《茶花女》的创作。这部作品仅花费了威尔第一个月的时间。但《茶花女》于1853年3月6日在威尼斯首演时，由于演员选择不当，观众并未认可。直到一年后重新演出时，才大获成功，并很快风靡全欧洲。这三部优秀作品的问世，使威尔第在歌剧界的成就和声望迅速超过唐尼采蒂和贝里尼，甚至连罗西尼都屈居其后。威尔第从此成为意大利最伟大的歌剧作曲家。1853年10月，他来到巴黎，与巴黎大歌剧院签订了合同，开始构思《西西里晚祷》。这部歌剧在1855年6月巴黎国际博览会开幕时首演，之后一连演了50多场，但观众对它的评价褒贬不一。以后，威尔第又创作了《阿洛尔德》《西蒙·波卡涅拉》。1859年2月18日，威尔第的又一部杰作《假面舞会》在罗马上演，再次获得巨大成功。

三幕歌剧《茶花女》创作于1853年，由皮亚韦根据小仲马的戏剧《茶花

《茶花女》服装设计效果图

女》撰写脚本。其描述巴黎名妓薇奥莱塔被青年阿芒的爱情所感动，甘愿离开巴黎社交生活，与阿芒去乡间同居，靠变卖首饰过纯洁的生活。但阿芒父亲坚决反对儿子与薇奥莱塔的结合，薇奥莱塔为顾全阿芒的家庭声誉，决定牺牲自己的幸福，返回巴黎。阿芒误以为薇奥莱塔变了心，在巴黎狂赌后，将赢得的金钱掷向薇奥莱塔，当众辱骂她。薇奥莱塔受到精神打击，一病不起，却为信守诺言，不向阿芒澄清真相。阿芒父亲终于被薇奥莱塔所感动，向阿芒说明真情。阿芒赶到薇奥莱塔身边，此时的她已奄奄一息，在阿芒怀中安静地停止了呼吸。薇奥莱塔对阿芒的爱情盲目却又单纯，好像每一个身陷爱情的人都是如此简单并且执着。他们为了爱情执着地付出一切，不计回报，忍受着世人的嘲讽与不解。这是克莱伯指挥的著名唱片之一，其间强烈的感情表达，令人心旷神怡的演唱与演奏，使人如醉如痴。

歌剧第一幕的前奏曲以柔和的音乐开场，然后出现了一个宽广的旋律，很明显这是一个关于爱情的主题。大幕逐渐升起，一个简洁的引子奠定了宴会活跃的情绪，总谱中将这一段称之为"最辉煌和非常活跃的快板"。就是在这一晚，阿芒与身患肺病的薇奥莱塔相遇了。阿芒对薇奥莱塔表达了心中的爱慕之情，然而薇奥莱塔对阿芒的表白却很冷淡。在这一幕中薇奥莱塔唱了这样的歌：

憧憬着爱情

爱情充满人间

爱情带来永生的灿烂梦境

她用一首轻松愉快的歌表达了自己已对爱情不抱希望，混迹于风尘的女子有什么资格奢望爱情呢？这首歌曲的敏捷跳跃和快速音阶显示了花腔女高音的技巧。宴会持续了整个夜晚，天亮了，客人们陆续离开。当房间里只剩下薇奥莱塔自己时，她倾诉了自己内心的真实想法：

> 当我忧伤和孤独时
>
> 我会梦见他

这是整部歌剧中最为人们喜爱的一首歌，薇奥莱塔在诉说自己真正的愿望时音乐转为华丽的快板。当第一幕进行到辉煌的尾声时，薇奥莱塔在孤独中忍受无法得到爱情与自由的折磨。

第二幕中薇奥莱塔与阿芒生活在乡间小屋，这时阿芒的父亲出现了。即使薇奥莱塔表现高贵优雅，阿芒的父亲还是不能接受自己的儿子与一个妓女在一起。他恳请薇奥莱塔离开自己的儿子以免使家庭蒙羞，并且不能告诉阿芒是自己逼迫她离开。无奈的薇奥莱塔不得已离开了阿芒，只留下一封告别信。后来阿芒看了信才知道爱人的离开，深爱薇奥莱塔的阿芒不顾父亲的阻拦去寻找爱人。阿芒终于找到了爱人，可是此时薇奥莱塔却挽着曾经的情人男爵的胳膊进来。嫉妒发狂的阿芒决定与男爵赌一把，这是全剧的高潮。赢得赌注的阿芒将客人聚集在一起，愤怒地诉说了薇奥莱塔背弃他的事情，还将赢来的赌注甩在薇奥莱塔身上。重病的薇奥莱塔晕倒在男爵怀里，阿芒的父亲此刻赶来，亲眼看见了自己间接造成的蠢事。

第三幕的前奏曲铺垫了这部歌剧结局伤感的气氛。重病不起的薇奥莱塔在床上读着阿芒父亲的来信，乐队轻轻地奏响了爱情的主题曲。她看向镜子里的自己，面容憔悴，疲惫不堪。心碎的薇奥莱塔感慨自己的命运：

> 心怀忧伤
>
> 我将离开你
>
> 而世界是这样奇妙
>
> 生活是这样美好

愧疚的阿芒父亲出场了，薇奥莱塔的包容让他惭愧，他温柔地拥抱了薇奥莱塔，可惜此刻的薇奥莱塔已经重病不支，没有多久就永远地躺下了。

这是一部凄美的浪漫主义歌剧，小仲马笔下的茶花女在歌剧中吸引着观众，威尔第让她带上了高贵与哀婉的气质，她的痛苦以及死亡都带着优雅的忧郁。

第三时期是19世纪60年代至威尔第去世。这一时期，威尔第老骥伏枥，创作了精品之作《阿依达》，并以惊人的精力创作了他最伟大的抒情悲剧《奥赛罗》和最伟大的喜剧《福斯塔夫》。威尔第在1867年为巴黎大歌剧院创作的《唐·卡洛斯》上演后反应平平。1868年6月，威尔第拜访了他仰慕已久的83岁的老作家曼佐尼。1870年，声望卓著的威尔第当选为意大利众议院议员，但他宁愿待在自己的庄园里享清福，很少去罗马参加他不感兴趣的政治活动。在这前后的一段时间里，他过着离群索居的生活。此间，威尔第还创作了《梅菲斯特费勒斯》，修改了他

威尔第的葬礼

以前创作的《命运之力》。1871年12月，威尔第创作的以古埃及传说为背景的歌剧《阿依达》在开罗首演。两个月后，《阿依达》在威尼斯上演，由施托尔茨担纲指挥。这部卓越的歌剧，再一次掀起了观众对威尔第的狂热，观众的情绪极其亢奋，年逾60的威尔第出台谢幕竟达40余次。1873年5月，曼佐尼病逝，威尔第在家中专心致志地为死者创作了一部《安魂曲》。在曼佐尼逝世一周年之际，《安魂曲》在圣马尔科大教堂演奏，威尔第亲自指挥。这又是一部享有盛誉的作品。此后的13年中，垂暮之年的威尔第除了对《西蒙·波卡涅拉》和《唐·卡洛斯》作了修改外，没有新的作品。也许会有人以为威尔第江郎才尽，其实不然，威尔第的音乐生涯并没有就此结束。古稀之年的威尔第用了几年时间，构思创作了《奥赛罗》，为此他倾注了全部精力。

1887年2月5日，《奥赛罗》在斯卡拉歌剧院首演。正如人们所预期的那样，首演的场面激动人心，一些国家政要、文化名流和观众一起，如痴如醉地沉浸在剧情中。演出结束，欢呼声、掌声震耳欲聋，74岁的威尔第和主要演员

仅谢幕就花费了15分钟。散场后，欢腾的人群抬着大师回到住所。威尔第几次到阳台上与人们挥手告别，直到扮演奥赛罗的演员塔马尼奥高声清唱了一曲《欢腾吧》，热情的观众才陆续散去。在此后的几年里，这位高龄的老人又完成了一部杰作——《福斯塔夫》。这是他漫长而辉煌的创作生涯中最后一部作品。1893年2月9日，《福斯塔夫》的首演获得了与《奥赛罗》一样的成功。

四幕歌剧《阿依达》作于1870年，脚本作者是吉斯兰佐尼，根据法国埃及学家奥古斯特·马里埃特·贝伊提供的情节写成。剧情描述埃塞俄比亚公主阿依达与父王阿莫纳斯罗同被埃及军队俘获，埃及青年统帅拉达美斯爱慕阿依达，父亲指使阿依达趁机刺探军事情报，拉达美斯故意于无意中泄密。埃及公主安涅丽丝因受拉达美斯冷遇，告发了泄密事件，于是拉达美斯以叛国罪被判以活埋，阿依达至地牢，与拉达美斯同死。后来卡拉扬诠释了这部歌剧，节奏精确，线条鲜明，充满强烈的戏剧性和气势，被《企鹅唱片指南》评为三星带花名片，也被日本《唱片艺术》评为最佳名片。

《阿依达》把大歌剧的特点和抒情歌剧的特点熔于一炉，剧中既有宏大的场面，又有深刻的性格刻画和心理描写。更重要的是这部作品进一步克服了由一系列独立分曲组成歌剧使剧情发展陷于停滞和静止的缺点，充分发挥了“场”的作用。音乐根据戏剧的要求，机动灵活地连续发展。一系列刻画人物性格和描绘人物心理感情状态的浪漫曲和二重唱，已不再是一个个孤立的曲子，而是有机地连续发展的“场”，其中丰富的旋律性和强烈的戏剧性相互结合在一起。

《阿依达》的另一重要特点，是系统地使用了“主导动机”，从而增强了音乐的戏剧表现力，促成了音乐形象的贯穿发展。在歌剧《弄臣》中，威尔第已经运用了主导动机的原则。预示着不可避免的报应的诅咒动机，是该剧唯一的主导动机，是在节奏上与和声上具有特征的短小乐思。《阿依达》中的一系列主导动机则是结构完整、旋律性很强的主题，它们从第一幕贯穿发展到第四幕，不仅是代表特定人物及其心理状态的简单符号，而且有鲜明的形象，对人物性格刻画和推动全剧发展起着重要作用。威尔第在后期歌剧《奥赛罗》中，把朗诵调和咏叹调融合为既有歌唱旋律性又有语言表现力的“独白”。贯彻戏剧性发展的

"场"，在这部歌剧中也做得更为彻底。四幕之中，每一幕的音乐都是不间断地发展，完全不存在独立的分曲。他的最后的作品《福斯塔夫》也有同样的特点，所不同的只是用喜剧性的音乐语言作为表现手段而已。表面上看来，《奥赛罗》和《福斯塔夫》的音乐有些像瓦格纳的"无终旋律"，但是，如果细加分析，则诚如威尔第自己所说："我和瓦格纳毫无共同之处。恰恰相反，要是你们用心谛听，努力领悟乐曲的内容，就会发现我有些地方和他完全相反。"

后来威尔第再次对歌剧进行改革，加强了音乐与戏剧发展的紧密联系，有意识改变了传统将宣叙调与咏叹调完全割裂的写法，突出和增强重唱、合唱与乐队在刻画形象上的作用。他没有完全按照瓦格纳那样走向"无终旋律"和"不间断结构"，因此他的音乐在世界各国歌剧舞台上经久不衰，令人神往，至今仍然保持其不朽的艺术魅力。

威尔第曾说："如果我不按心灵的启示写作的话，我就不可能成功！"诚然，他是一位具有力量与热情的音乐家，他的作品中展现了全部的情感与想象力。他将漫长的一生全部贡献给了音乐，在音乐的世界里成就自己，未曾浪费岁月与时光，不愿回头，不必回头。

约翰奈斯·勃拉姆斯（1833—1897）
何日君再来

作曲并不难，但剔除多余的音符却是极为困难的。

——约翰奈斯·勃拉姆斯

勃拉姆斯的音乐并不给人以即时的、直接的印象，它是由谨慎地掩盖着的记忆滋养起来的，所以他的艺术抒情性和戏剧性少，更多的则是史诗性。他的敏感性使他能够觉察过去最优美的东西。由于他对现代怀着对立的态度，他要求表达过去美好印象的心情就更显得迫切。

"希望我们对生活永远有一种新鲜而尽可能快乐的情绪。"

罗曼·罗兰曾在《贝多芬传》中写道："19世纪，奥国戏剧诗人格里尔帕策曾说生为奥国人是一桩不幸。19世纪末住在维也纳的德国大作曲家，都极感苦闷。那时奥国都城的思想全被约翰奈斯·勃拉姆斯伪善的气息笼罩。布鲁克纳的生活长时期受难，雨果·沃尔夫终生奋斗，对维也纳表示极严厉地批评。"罗曼·罗兰是个老左派，也许他认为内敛中庸的勃拉姆斯是个装腔作势故作崇高的庸人。罗曼·罗兰一直是站在瓦格纳阵营中的，只能说在那个时期骂几句勃拉姆斯是这个阵营的入门券。

尼采也曾评价道："当一个人并不富裕时，他应当有足够的骄傲安于贫困！勃拉姆斯这位音乐人对我来说，是个久久之谜。直到我终于近乎偶然地窥见，他是对某一类人产生了效果。他有一种无能为力的忧伤，他的创作不是出于充实，而是渴望充实，渴望始终是他最大的特色。形形色色的渴望者、不满足者对此心领神会，因此他们喜欢勃拉姆斯。"

提起勃拉姆斯，我们必然忘不了在19世纪最著名、最奇特、最凄美的三角爱恋——来自舒曼、克拉拉和勃拉姆斯。舒曼是勃拉姆斯的挚友和

手风琴

提携者，舒曼的妻子克拉拉也是一位天才钢琴家和作曲家，血气方刚的勃拉姆斯发现自己对挚友兼恩师的妻子产生无法释怀的感情……这个奇特的三角关系成为备受后人猜度的谜团。恋爱中人们常说要爱到永远，永远又有多远，谁也不知道。执子之手与子偕老，而今看来更像童话，然而我却看到一段让人心驰神往的真爱。

勃拉姆斯第一次敲开舒曼家大门时，根本没有想到，他这一生会与这扇门里的女人结下不解之缘。勃拉姆斯对克拉拉一见钟情，这竟导致他和克拉拉43年之久的未了情缘。1853年9月30日，年仅20岁的勃拉姆斯在好朋友约阿希姆推荐下，腼腆地敲响了舒曼的家门。舒曼接待了他，并且请他在钢琴上演奏一曲。勃拉姆斯演奏的是《C大调奏鸣曲》，可是勃拉姆斯还没弹多久，站在他背后的舒曼就轻轻推了推他，亲切地说："请停一停，我希望克拉拉也能听到。"他兴奋地跑上楼去喊克拉拉一起来听。克拉拉从楼上下来，勃拉姆斯就这样望见了克拉拉，他眼前一亮，对克拉拉一见钟情。这时的克拉拉虽然已经过了如花似玉的少女时代，但正是一个女人的知性、情感和美貌最成熟、最有光彩的时期。勃拉姆斯愣了片刻，一种从未体验过的情感油然而生。不过他很

快回过神来，开始演奏。当他弹完一曲站起来时，舒曼热情地张开双臂抓住他，兴奋地喊道："天才呵！年轻人，天才。"这天晚上，克拉拉便在她日记里写道："今天从汉堡来了一位了不起的人——勃拉姆斯，他只有20岁，是由神直接差遣而来。舒曼说，除了向上苍祈求他健康外，不必有其他盼望。"

命运往往为天才选择了不恰当的出生地点与不寻常的父母。1833年5月7日，勃拉姆斯诞生在德国汉堡一个职业乐师家中。父亲约翰·雅各布·勃拉姆斯是汉堡民兵乐队的号手，性格善良，酒量过人，是小勃拉姆斯第一个音乐老师。母亲比父亲大了整整17岁，走路不太灵便，可是手指却异常灵巧，善于烹饪。夫妻两人走到一起最初原因就是因为烹饪，一块烤得又松又脆的布丁就是约翰内斯·勃拉姆斯得以出生的原因。这个家庭生活并不怎么好，他们住在贫民窟里，尽管那里散发着各种各样的难闻气味，但是勃拉姆斯却是在和谐美好的氛围中成长。勃拉姆斯13岁就在酒店里为舞会伴奏，在剧院里帮助父亲演奏，为父母分忧，为维持家庭生计而奔波。他说过："像我这样艰难的过日子的人恐怕并不多。"父亲是个很善于安排生活的人，他在家中养了几只会唱歌的小鸟儿，每当家人在一起吃饭时，小鸟儿就会唱出动人歌声，欢乐极了。有一天，父亲无意间发现小勃拉姆斯声音相当动人，特别是高音。他立刻为小勃拉姆斯设想了一个伟大的艺术前途。

勃拉姆斯开始学习弹钢琴，他天赋很高，很快就被公认为神童。据说，当时有一位乐团经理愿意带勃拉姆斯去美国进行一次音乐旅行，让他挣上一笔钱。但父母一位明智的朋友却劝阻说不要通过这条捷径到达理想中的黄金之国。最终，勃拉姆斯留在汉堡继续学习。在老师用心的指导下，勃拉姆斯不仅掌握了精湛的弹琴技巧，还对复杂的节奏有了深刻了解。学习期间，为了给家里减轻负担，勃拉姆斯还曾担任过酒吧钢琴师，他对每家酒吧的内情都了如指掌。老板为了让他通宵达旦的工作，用酒刺激他，"职业女郎"对他百般勾引。在这样灯红酒绿的气氛中，勃拉姆斯那颗脆弱的心仿佛要窒息。显然，他将要验证那时候人们常说"搞音乐就跟乞丐没什么分别"的这种话。他没有妥协，他开始向命运宣战了。在勃拉姆斯整个少年时期，这场战火始终都没有平息，没有一方讨饶。在勃拉姆斯20岁那年，这个具有天赋的流浪汉，终于受到公认。

1853年，勃拉姆斯还是一个平庸歌者，他哥哥弗里茨也是如此。人们给这两兄弟分别起了有趣的绰号。因弗里茨一生都是平庸歌曲的作者，人们便称他为"搞错了的勃拉姆斯"，称弗里茨弟弟为"搞对了的勃拉姆斯"。不过，这时勃拉姆斯遇见了匈牙利小提琴家约瑟夫·约阿希姆。勃拉姆斯为约阿希姆弹奏了几首自己创作的曲子，约阿希姆聆听着，还没演奏完，他就立刻认识到自己身边这个人是位天才。约阿希姆激动地将这位天才带到了罗伯特·舒曼家里，希望舒曼看看这位小伙子。起初，勃拉姆斯一直觉得舒曼是个盛气凌人的老怪物，可当他亲眼见到舒曼，这种想法就完全不见了。勃拉姆斯演奏了自己作的曲子，舒曼非常兴奋，全然忘却自己已经病魔缠身。他称赞勃拉姆斯是"从上帝那里派来的人"，决心要把这位天才从汉堡贫民窟里解救出来。

据说，舒曼为推崇勃拉姆斯的作品，到处为他写推荐信，带他一同演出。并且重新操笔，为勃拉姆斯写下一篇热情洋溢的文章，这篇文章发表在《新音乐时报》上，名叫《新的道路》。在这篇文章中，舒曼激动的写道："几年来音乐界人才辈出，增添了许多重要的后起之秀。看来，音乐界的新生力量已经成长起来。近年许多志趣崇高、抱负远大的艺术家都证明了这一点，虽说他们的作品目前知道的人还不多。我极其关怀地注视着这些艺术家所走的道路。我想，在这样良好开端之后，一定会突然出现一个把时代精神加以理想表现的人物，这个人果然来了，他是一名叫约翰内斯·勃拉姆斯的青年。他所有的一切，甚至是外貌都告诉我们，这是一位出类拔萃的人物。他坐在钢琴旁，向我们展示那奇妙意境，愈来愈深入地把我们引进神奇幻境。他出神入化的天才琴技把钢琴变成一个时而哀怨呜咽、时而响亮欢呼的管弦乐队。这更是增加了我们的美妙感受。他所演奏的作品，有奏鸣曲、无歌词曲，接着是演习形式极为新颖别致且带有点魔鬼阴险气质的钢琴小曲，最后是小提琴和钢琴奏鸣曲、弦乐四重奏。每一首都别有风味，好像都是从不同源泉里流出来的。我觉得，这一位音乐家仿佛是那湍急洪流，直往下冲，终于汇成了一股奔泻而下飞沫喷溅的瀑布，在他上空闪耀着宁静的彩虹，两岸有蝴蝶翩翩起舞，夜莺婉转唱歌。"能看得出舒曼对勃拉姆斯情有独钟，而勃拉姆斯也正是在舒曼鼓吹之下才为人们渐渐知晓。若是没有舒曼，勃拉姆斯到现在或许都还只是一个无头苍蝇在汉堡酒吧街里乱飞瞎撞。勃拉姆斯深知，舒曼对自己有着知遇之恩，为此在以后的日子中勃拉姆斯一直在病重的舒曼身边照顾他，直到他过世。

　　之前提到过勃拉姆斯对克拉拉一见钟情。1856年，舒曼过世，在舒曼病重期间，勃拉姆斯一直守护在克拉拉身边。其实克拉拉不可能不知道勃拉姆斯对她的感情，只是两人一直守口如瓶，在一起也只讨论音乐，谁都不愿把这层纸捅破。在舒曼下葬那天，谁也没想到那竟是他们最后一次见面。

　　勃拉姆斯一直把这份感情深深埋在心底，他把这一切都化作了他的音乐。他说："必须要控制你的激情，对人类来说不是自然的东西，它往往是个例外，是个赘瘤。"勃拉姆斯离开了克拉拉。有人说，克拉拉做过他的情妇，而现在他已经厌倦了克拉拉；也有人说，勃拉姆斯是克拉拉最后一个孩子的亲生父亲。对于这些流言蜚语，勃拉姆斯并没有多说什么。据说，在他们分开的漫长日子里，勃拉姆斯曾多次给克拉拉写过情书，那情书热情洋溢，发自肺腑。可是情书一封也没有寄出去，他把这一切感情都抑制住了，像赘瘤一样都无一漏网地挖去了。曾有人这样评价勃拉姆斯这段感情："勃拉姆斯给自己垒起一座高高而坚固的堤坝，曾经泛滥如潮水般的感情都被他蓄在心中。这样做，不知道勃拉姆斯要花费多大决心和气力，他要咬碎多少痛苦，他要和自己做多少搏斗。这是一种纯粹柏拉图式的爱情，是超越物欲和情欲之上的爱情。也许，爱情的价值本来就并不在于拥有，更不在于占有。有时，牺牲了爱，却可以让爱成为永恒。"勃拉姆斯还曾把自己每一份乐谱手稿，都寄给克拉拉。他说："我最美好的旋律都来自克拉拉。"这让人不禁想到李斯特对跟随他39年的卡洛琳说的话："我所有的欢乐都来自她。我所有的痛苦也总能在她那里得到慰藉。"勃拉姆斯与克拉拉彼此那份"友谊"已经远远超过爱情。43年！他们之间的感情竟长达43年之久。这对一个人的一生，是个太过醒目的数字。

　　在克拉拉与勃拉姆斯的交往中大部分人以为是勃拉姆斯一厢情愿，其实克

交响曲演奏

拉拉对勃拉姆斯是有一定感情的，不然在克拉拉去世前13天，已经奄奄一息的她不会记得那一天是勃拉姆斯生日。她还用颤巍巍的手写下几行祝福的话寄给勃拉姆斯。在克拉拉去世之后，勃拉姆斯烧毁了许多信件和手稿，其中就有他给克拉拉写的情书。在他们俩这段漫长纠结的感情中，勃拉姆斯化感情为音乐，曾专门为克拉拉写过曲子。

《c小调钢琴四重奏》是勃拉姆斯花费20年心血完成的，这是一部很重要的作品。这部作品勃拉姆斯一改再改，这是他"爱的美好纪念和爱的痛苦结晶"。无论是开头四部钢琴的齐奏，还是之后出现此起彼伏错落有致的音响，一直到最后渐渐平和的弦乐吟唱，都是急促的、热烈的。这种风格在勃拉姆斯作品中是很少见的。写这部曲子是在舒曼病重时，写完交给出版商并写了一封信，信中明确写道："你在封面上必须画上一幅图画，一个用手枪对准的头。这样你可以形成一个音乐观念。"他又在给另外一个朋友的信中说："我写这首四重奏是把她当成一件新奇的东西，就说'穿蓝色上衣黄背心的人'是最后一张画的插图吧。"他在这里所指的无非就是歌德，歌德的少年维特就是用手枪对准自己头自杀的。在这里，他是想倾吐自己对克拉拉维特式的爱和痛苦。

还有一首乐曲是《四首最严肃的歌》，乐曲用《圣经》中的词句编写而成。对勃拉姆斯而言，《圣经》是他"最尊崇的诗篇"。他经常阅读《圣经》，这种习惯是从他童年时代就开始的，使勃拉姆斯对歌词选择具有很深寓意。这首曲子是克拉拉去世前不久创作的，可以说是他最后的作品。这四首曲子的名字分别是：《因为它走向人们》《我转身看见》《死亡多么冷酷》《我用人的语言和天使的语言》，都透着阴森森的感觉。前三首歌曲歌词内容反映了对人不幸处境的认识以及对死亡的思索，最后一首歌曲则选用圣保罗著名的对"上帝之爱"的颂歌作为结束。勃拉姆斯这样安排，正是为了证明基督信仰那独特的宗教精神，使人们在不幸中得以拯救。勃拉姆斯在歌曲中从对死亡反思到对生存价值的终极追问，仿佛是在讲述与克拉拉一生纠结愁苦的感情。据说，当时勃拉姆斯听闻克拉拉过世，就立刻出发去奔丧，从住所里没有拿什么，只是拿起这部手稿。可见，这部作品对于勃拉姆斯是多么重要。勃拉姆斯整整赶了两天两夜火车，才从瑞士赶到法兰克福又赶到波恩克拉拉墓前。他颤颤巍巍拿出《四首最严肃的歌》手稿，任5月的风吹散他那花白的头发。可惜这首曲子克拉拉再也听不到了，勃拉姆斯也再不会演奏它，这是属于他们两人世界的音乐。罗曼·罗兰在他的《约翰·克利斯朵夫》里说："每个人心底都有一座埋葬心爱人的坟墓，那是生命狂流冲不掉的。"

勃拉姆斯除了专门为克拉拉而作的乐曲之外，还有一首非常有名的曲子《第一部交响曲》。最初听到《第一部交响曲》时，被那阴沉氛围所吓倒，再听便会爱上。第一乐章由管乐揭开神秘感面纱，黑管随之带来压抑感，使人联想到贝多芬的《命运交响曲》。在这种背景下节奏出现了充满紧张的序奏旋律，悲剧气氛概括了作曲家的内心痛苦。在管弦交错声中，军队的脚步声贯穿在其中，庄严地前进。军队走过寂静的密林原野，时而步履缓慢，时而快马加鞭，像在说明着什么。第二章是不感伤的阴暗情绪，可以从管弦交错中品味。但是整体就是一场高雅的音乐，充满梦幻般的意境，有一些舞曲的色彩，包含有教堂之中圣光沐浴的纯洁。这是勃拉姆斯经历了思想情感上波动之后的思考。第三乐章继续发展前一乐章的抒情气氛。这像是献给一个人，没有其他听众，仅仅是为一个人演奏。同时，表现出勃拉姆斯向往光明乐观的情绪。第四乐章展现给我们的是残酷现实和痛苦心境。长笛与弦乐器旋风般地尖锐呼啸，小提琴压抑出悲愤调子，制造出慌乱不安的气氛。随后痛苦与悲剧气氛一扫而光，出现一种生机勃勃、欢乐的情绪。最后乐曲以一种管弦共鸣的形式，在世界性的宏大欢乐中结束了一切。

勃拉姆斯的曲子带给我们的都是他自己内心真实的想法，他通过音乐表现出来。勃拉姆斯的音乐并不给人以即时的、直接的印象，它是由谨慎地、掩盖着的记忆滋养起来的，所以他的艺术抒情性和戏剧性少，更多的则是史诗性。他的敏感性使他能够觉察过去最优美的东西。由于他对现代怀着对立的态度，他要求表达过去美好印象的心情就更显得迫切。在1897年4月3日，克拉拉离世不久，勃拉姆斯的身体也突然垮掉，连个预兆都没有，医生诊断是得了癌症。在勃拉姆斯最后的日子里，他把自己锁在房间里哪儿都不去，用了整整三天时间演奏了克拉拉最喜欢的音乐，然后孤零零地坐在钢琴旁痛哭流涕。

祭奠绝望之恋，世界以它的痛苦同我吻别，而要求歌声做报酬。我只愿用我一生，换你一次回眸。

乔治·比才（1838—1875）
抱憾长眠，奔赴来生

> 作曲家在创作一个作品时是全力以赴的。他轮番地经历了相信、怀疑、热心、绝望、欣喜和痛苦。
>
> ——乔治·比才

"作曲家在创作作品时是全力以赴的。他轮番地经历了相信、怀疑、热心、绝望、欣喜和痛苦。"说这句话的人是写下歌剧《卡门》的作者乔治·比才。奈何生命有限，一代音乐大师比才更是英年早逝，不足四十岁便抱憾长眠地下，只愿他的乐曲能够流传后世，带着比才湿嗒嗒的灵魂奔赴一次又一次来生。

约瑟夫·马克利斯评价说："《卡门》属于那种罕见的作品，既受到世界范围公众的赞扬，也受到音乐家同样广泛的称颂。它所具有的色调和激情使它大放光彩，它最完美地体现了高卢人的天才。"这段话高度赞扬了比才的音乐才能。

法国作曲家乔治·比才生于巴黎，世界上演率最高的歌剧《卡门》便是比才所作。他9岁即进入巴黎音乐学院学习作曲，之后到罗马进修三年。比才探索各种作曲方法，尝试不同音乐形式，作品有交响序曲、干唱剧、钢琴曲等，为歌剧创作奠定了基础。回国后，他于1863年完成第一部歌剧《采珍珠者》，而后推出《帕思丽珠》，但这两部歌剧并没有得到太大的回响。继而创作了《嘉米蕾》，虽然还是没有成功，但已经找到自己的风格。不久他为都德的话剧《阿莱城姑娘》配乐，大获好评。1870年，比才新婚不久便参加了国民自卫军，退役后在塞纳河畔的布日瓦勒从事创作。

法国人自诩是世界上最懂得浪漫与艺术的民族，革命的动荡之后人们从一个极端到另一个极端，从狂热到犬儒。尤其是在经济复苏之后，人们沉醉于灯红酒绿，夜夜笙歌，纸醉金迷。巴黎迅速从欧洲的革命中心转型为欧洲的艺术中心，于是浮华并且讲究大场面的歌剧盛行一时，轻松娱乐性的轻歌剧、喜歌剧也风靡一时，巴黎的舞台到处都是轻歌曼舞。法国本土的音乐家彼时都向权贵低了头弯了腰卑躬屈膝地为这些新兴的中产阶级工作，然而这些暴发户土大款会的仅仅是附庸风雅，他们喜欢的是金玉其外败絮其中的豪华包装和欢声笑语却毫无内涵可言的轻歌曼舞。寻欢作乐，逃避现实，今朝有酒今朝醉成了巴黎人生活的主题。

1860年，比才结束了在意大利的学习回到巴黎。巴黎歌剧院的靡靡之音向着比才扑面而来。那时候不仅所有的歌剧院都在上演这样的歌剧，就连其他场所也要穿插一些这样的音乐才能卖座，甚至小仲马都要在自己的话剧《茶花女》中加上这样的音乐来吸引观众。比才依葫芦画瓢写了一些歌剧，可惜未曾成功。这样的话剧太多了，年轻人想要出头是很不容易的，比才湮没在众多风格类似的音乐滚滚洪流之中。

1867年，这是他重回巴黎的第七个年头，看不到希望的比才不甘心就此屈服，写信给朋友透露了自己的苦恼："我会给你证明的，那种充斥着小调、华彩乐句和虚构幻想的学派已经死了，完全死了。让我们毫不怜惜地、毫不懊悔地、毫不留情地把它埋葬起来吧。然后，向前进！"

1872年，比才终于迎来了自己的春天。这一年，他为法国著名文学家都德的话剧《阿莱城姑娘》写了27首配乐曲。戏剧演出并未取得成功，而根据戏剧配乐编成的两套组曲却成为传世佳作。《阿莱城姑娘》第一组曲由比才自编，第二组曲由法国另一位作曲家吉罗编成。

比才选择都德作为一个突破口可以说是遇见了自己音乐之路的转折，浪漫主义此时已经早不如从前，而文学中的自然主义跃跃欲试，试图冲破土壤迎接光明。就像许许多多的音乐家从文学中汲取营养获得灵感一样，比才很快与自然主义文学结合，这使得比才比同时代的音乐家都快了一步。其实归根结底，比才只是不满足于浪漫主义歌剧夸张的表现，而是进入现实。他让歌剧不再是历史的回声，而是贴近生活的艺术化表达，包括每一次心跳，每一次喘息。

戏剧《阿莱城姑娘》描写了法国普罗旺斯青年农民弗雷德里的爱情悲剧。剧情大致为：弗雷德里准备与一位阿莱城姑娘（这姑娘在剧中并未出场）结婚，突然得知姑娘的名誉不好，于是弗雷德里想忘掉这姑娘，而与童年女友薇叶特成婚。婚礼当天，一个不速之客带来了那位阿莱城姑娘与其情人私奔的消息。内心依然深爱着阿莱城姑娘的弗雷德里无法控制自己，从阁楼窗口跳下去自杀了。

《阿莱城姑娘》第一、第二组曲中有三个著名片段，片段一和片段二选自第一组曲的第一曲《前奏曲》。该曲目的主题源于普罗旺斯地区的民歌《三个国王的队伍》，在原戏剧中用于第三幕第二场的村民合唱，其主题威武雄壮、刚健有力；乐曲的中段为"法朗多尔舞曲"（法国普罗旺斯地区的一种民间舞蹈音乐形式），加入了法国民间乐器——普罗旺斯长鼓作为伴奏，旋律轻松、活泼而欢快。片段三为一首著名的"小步舞曲"，选自第二组曲的第三曲。这段清新而单纯的长笛独奏旋律，原为比才的另外一歌剧《美丽的珀斯姑娘》中的间奏。美妙的竖琴以轻巧的琵琶音伴奏，更衬出长笛明澈的音色。

这部音乐剧与法国以往的歌剧不同，它不再是对历史中假大空的人物如王公侯爵的描写，也不再是华丽虚假的舞台效果，它突破了浪漫主义的简单抒情，它借助自然主义文学弥补了法国歌剧中的不足。也就是这部歌剧使比才形成了自己的音乐风格：朴素，平凡，洗尽铅华如同出水芙蓉般清丽脱俗。在《阿莱城姑娘》中比才的淳朴让听众耳目一新，倍感亲近。略带忧伤的前奏曲、带有淳朴风情的小步舞曲、温柔抒情的小慢板以及最后欢快动人的情绪都弥漫着暖洋洋的气息，如同六月骄阳，让人觉得温暖。这样的气息似乎是带有花朵芳香的雨后泥土，尘土在阳光下每一个颗粒都显得清晰。这样独特的音乐不是巴黎所谓"上流社会"浓妆艳抹灯红酒绿的虚假，它来自我们内心。

可惜的是时不我与，这样的音乐最终却难以红火，观众对于这样的音乐作品并不买账，最终以失败告终。只是后来，同为法国人的朗多米尔终于认识到《阿莱城姑娘》的艺术价值，他说："《阿莱城姑娘》是第一流的作品，可能比才再也没有达到像这样完美的境地。在这首画面如此美丽、色彩如此绚丽的短小组曲里，明暗层次细致精微，乐曲优美动人，引人入胜，有时感情尤为深刻。这完全是舒曼的那种艺术，只是移植在另外一个天地中，属于另一个种族，处在阳光明媚的地中海边。"

失落的比才并未就此放弃。1873年初，比才开始了歌剧《卡门》的写作。《卡门》取材于梅里美的同名小说，1875年3月3日在巴黎歌剧院首演，惨遭失败。人们对他作品中"大胆的现实主义和赤裸的情感感到震惊和受到冒犯"，指责这是一部"淫秽的作品""音乐不知所云"。据说他曾为此整夜痛苦地在巴黎街道上徘徊。但《卡门》却受到了同时代音乐大师诸如圣桑、柴科夫斯基以及后辈德彪西的赞扬，前面两位预言"十年之后，将成为世界上最受欢迎的一部歌剧"。然而，比才未能等到这一天，仅三个月后的1875年6月3日，他因抑郁症在布日瓦勒逝世，年仅37岁。五年之后，《卡门》再度在巴黎上演，获得了极大轰动，只可惜此时这位大师早已长眠地下。

歌剧《卡门》完成于1874年秋，是比才的最后一部歌剧，也是当今世界上演率最高的一部歌剧，比才在这部作品中倾注了全部心血。四幕歌剧《卡门》主要塑造了一个相貌美丽而性格倔强的吉卜赛姑娘——烟厂女工卡门。卡门使军人班长唐·豪塞坠入情网，并舍弃了他在农村的情人——温柔而善良的米卡爱拉。后来唐·豪塞因为放走了与女工们打架的卡门被捕入狱，出狱后他又加入了卡门所在的走私贩的行列。卡门后来又爱上了斗牛士埃斯卡米里奥，在卡门为埃斯卡米里奥斗牛胜利而欢呼时，死在了唐·豪塞的剑下。

此剧以女工、农民出身的士兵和群众为主人公，这一点，在比才那个时代的歌剧作品中是罕见的、可贵的。也许正因为作者的刻意创新，此剧在初演时并不为观众接受。但随着时间的推移，这部作品的艺术价值逐渐得到人们的认可，此后变得长盛不衰。这部歌剧以合唱见长，剧中各种体裁和风格的合唱共有十多部。

在世界歌剧史上，没有哪一部歌剧能像《卡门》一样红遍全球。在中国，它从引进初期由于内容形式过于开放被扼杀，再到20世纪80年代中期唱响中国大江南北，也历经了改革开放初期的思想变革，最终经久不衰。据统计，仅在2009至2010年这两年中，就有86个城市、95个不同制作版本的《卡门》共上演了559场，不愧为当今世界上演率最高的一部歌剧。数百年来《卡门》久演不衰，可以说，"卡门"这个名字已成为爱情与自由最贴切的象征。

1980年，歌剧《卡门》作为中法文化交流的一个项目，由法国著名歌剧导演勒内·泰拉松带入中国。当时随泰拉松来华的还有一大批法国歌剧方面的专家、指挥家等，双方一起合作，排练了第一个中文版的《卡门》，将所有的歌词翻译成中文，并用中文演唱。由此，中文就成为世界上演唱《卡门》的第25种语言。1982年《卡门》第一次在北京天桥剧场演出，引起轰动，创下了连演22场场场爆满的演出盛况。同时它也荣获了1983年夏尔·科罗学会评审团颁发的"20世纪唱片资料国际大奖"。自此以后，中国的艺术家们频频将卡门的故事以各种形式搬上舞台。中央歌剧院和上海歌剧院这两大国内专业的歌剧院，将《卡门》作为常年演出的必备节目，而各交响乐团也经常在迎春音乐会上演奏《卡门组曲》。可以说《卡门》是中国观众最熟悉的歌剧，每当《斗牛士之歌》雄壮的音乐响起时，全场的观众都会不自觉地随着节奏一起鼓起掌来。

此剧的序曲是音乐会上经常单独演奏的曲目，歌剧的序曲为A大调，2/4拍子，回旋曲式。整部序曲建立在具有尖锐对比的形象之上，以华丽、紧凑、引人入胜的音乐来表现这部歌剧的主要内容。序曲集中了歌剧内最主要的旋律，而且使用明暗对比的效果将歌剧内容充分地表现了出来。主题选自歌剧最后一幕中斗牛士上场时的音乐。

第一幕中换班的士兵到来时，一群孩子在前面模仿着士兵的步伐开路。孩子们在轻快的2/4拍子，d小调上，唱着笛鼓进行曲《我们和士兵在一起》。在这一幕中塑造了吉卜赛姑娘卡门热情、奔放、富于魅力的形象。主人公卡门的著名咏叹调《爱情像一只自由的小鸟》是一段深入人心的旋律，行板、d小调转F大调、2/4拍子，充分表现出卡门豪爽、奔放而富有神秘魅力的形象。卡门被逮捕后，龙骑兵中尉苏尼哈亲自审问她，可她却漫不经心地哼起了一支小调，此曲形象地

《卡门》剧照

表现出卡门放荡不羁的性格。依然是在这一幕中，卡门在引诱唐·豪塞时，又唱出另一个著名的咏叹调，为快板、3/8 拍子，是一首西班牙舞蹈节奏的迷人曲子，旋律热情而又有几分野气，进一步刻画了卡门性格中的直率和泼辣。

第一幕与第二幕之间的间奏曲也十分有名，选自第二幕中唐·豪塞的咏叹调《阿尔卡拉龙骑兵》，大管以中庸的快板奏出洒脱而富有活力的主旋律。第二幕中还有一段吉卜赛风格的音乐，表现的是两个吉卜赛女郎在酒店跳舞时纵情欢乐的场面，跳跃性的节奏和隐约的人声烘托出酒店里喧闹的气氛。第二幕与第三幕之间的间奏曲是一段轻柔、优美的旋律，长笛与竖琴交相辉映，饱含脉脉的温情。

第三幕中著名的《斗牛士之歌》，是埃斯卡米里奥为感谢欢迎和崇拜他的民众而唱的一首歌曲。这首节奏有力、声音雄壮的凯旋进行曲，成功地塑造了这位百战百胜的勇敢斗牛士的高大形象。

第四幕的结尾，正像柴可夫斯基所说的那样："当我看这最后一场时，总是不能止住泪水，一方面是观众看见斗牛士时的狂呼，另一方面却是两个主人公最终死亡的可怕悲剧结尾，这两个人的不幸命运使他们历尽辛酸之后还是走向了不可避免的结局。"剧中还有一段脍炙人口的西班牙风格舞曲《阿拉贡》，这也是音乐会上经常单独演出的曲目。

中国国家大剧院曾特邀著名戏剧导演弗兰切斯卡·赞贝罗指导编排，她从22岁开始就导演歌剧《卡门》，经她陆续执导的《卡门》已经多达四个版本，曾在莫斯科大剧院、英国皇家歌剧院执导过演出。特别是2006年由她为英皇执导的《卡门》，一经推出就以其深具"真实主义"风格的舞台表现获得了极大成功，掀起了顶级歌剧院《卡门》的改版风潮。

2013年12月，赞贝罗再度与国家大剧院合作，将《卡门》带给北京观众。此前弗兰切斯卡·赞贝罗难掩心中激动，他说："我从未想过有生之年能在中国执导一部歌剧，曾经一直向往来到中国，现在终于梦想成真了。"赞贝罗表示，剧中女主角卡门是一个率性、有思想的女人。她表示："虽然这已经是我第五次导演这部作品了，相信我，我会为中国观众带来一版全新的《卡门》。"事实也正是如此。

《卡门》中那种来自于西班牙吉卜赛粗犷鲜活的音乐正是当时法国所缺少的，法国当时沉湎于轻歌曼舞的靡靡之音和华丽铺张的豪华场面。比才如同一个特立独行的文艺青年给这样一片肮脏的大海带来一股清流，带来一缕清风。这是一缕自然的、未经加工的清风，洗去了法国人脸上浓厚的脂粉，让他们重归自然，去感受自然本身的美好。比才的音乐让自诩高贵的法国人逃离那个繁华却虚假的上流社会，男人们脱掉熨烫服贴的晚礼服，女人们卸掉阻挡脸与空气接触的厚厚妆容，卸下沉重的珠宝首饰。

尼采对于《卡门》更是高度赞扬："比才的音乐在我听来很完美。它来得轻松、来得优雅、来得时尚，它可爱，它并不让人出汗。'所有好的必定是轻松的，所有神圣的必定有着轻盈的步子'，这是我审美的第一准则。这一音乐是淘气的、精致的、又是宿命的，因而它也是流行的，它的优雅属于一个民族，而不仅仅属于个人。它丰富、它明确、它建设、它生成、它完整，就是在这种意义上它与音乐中的息肉、与'没完的旋律'形成了对比。在此之前，舞台上还上演过比这更悲惨、更痛苦的事件么？而这一切又是怎样做到的呢？没有装神弄鬼！没有乌七八糟的弄虚作假！"尼采进一步表达了对比才的喜爱："我嫉妒比才有如此的勇气表达出这样强烈的情感，这种情感在受过教化的欧洲音乐中是绝对找不到表达方式的——这是一种南方的、黄褐色的、被太阳灼伤的情感……那快乐是金色午后的快乐，是怎样的愉悦呀！"

比才其他的作品还有管弦乐组曲《儿童游戏》《C大调交响曲》等。他是继古诺之后打破意大利歌剧对法国的影响、使法国歌剧从浅薄浮华中解放出来的杰出人物。他的作品常取材于社会底层的平民生活，采用现实的手法描写场景，体现了浓厚的现实主义色彩。在风格上体现了法国特有的华丽纤细和喜歌剧传统，受到瓦格纳、柏辽兹等人的影响，使用大胆的和声与对位法，及强有力的戏剧表现。同时展现了浓重的民族色彩（如《卡门》中的西班牙风格、《阿莱城姑娘》中的法国南部气息），充满热情，代表了19世纪法国歌剧的最高成就。

奈何生命有限，一代音乐大师比才更是英年早逝，不到40岁便抱憾长眠地下。只愿他的乐曲能够流传后世，带着比才湿嗒嗒的灵魂奔赴一次又一次来生。

彼得·伊里奇·柴可夫斯基（1840—1893）
哀莫大于心死

音乐是上天带给人类最伟大的礼物，只有音乐能够表达安静和静穆。

——彼得·伊里奇·柴可夫斯基

有人把柴可夫斯基比作苏轼和李商隐，比作陀思妥耶夫斯基。或许我们会觉得把柴可夫斯基比作苏轼和李商隐，有些玄乎，不接地气儿，比作陀思妥耶夫斯基，又有些过分。但他们都是从文学中寻找到认同感和归宿感。柴可夫斯基进入中国，他已经不再是他自己，他不得不入乡随俗，融入我们。我们能从柴可夫斯基音乐中听到我们心底里许多声音。可以说，没有哪一位音乐家能和我们有这样的互动。

提起柴可夫斯基，想必大家都不会陌生。我们都喜欢称他为"老柴"，亲切得就好像是自己家里的一位老哥哥。不知道为什么我们对柴可夫斯基如此一往情深，或许是因为受到俄罗斯文学影响，或许是因为柴可夫斯基的音乐打通了宗教音乐与世俗民歌的连接渠道。他的音乐混合了浓郁的东方因素，让我们在音乐深处能够常常和他邂逅相逢并一见如故。柴可夫斯基就是这样能够轻而易举地和我们相亲相近。在中国人中，几乎每一个喜欢音乐的人都会被柴可夫斯基深深感染。可以说这是一个奇怪现象，或许柴可夫斯基也会很奇怪。

丰子恺先生曾解释这种现象："柴可夫斯基的音乐中那些悲观色彩，并不是俄罗斯音乐中的特质，乃是柴氏一个人的个性。他的音乐之所以著称于世界，正是其悲观性质最能够表现'世纪病'的时代精神'忧郁'的缘故。"不知道在这里丰子恺先生解释得是否准确，但他却指出柴可夫斯基音乐中体现所谓"世纪病"的时代精神一说。而对于我们中国人来说，一直饱受痛苦，一直处于压抑状态，柴可夫斯基就像是一帖止疼膏，慰藉中国人民受苦的心灵，故对他亲近算是理所应当吧。

作家余华在他的文章中说："柴可夫斯基一点也不像屠格涅夫，鲍罗丁有点儿像屠格涅夫。我觉得柴可夫斯基倒是和陀思妥耶夫斯基很相近。因为他们都表达着对19世纪末的绝望，那种深不见底的绝望，而且他们的民族性都是通过强烈个性来表达。在柴可夫斯基音乐中，充满了他自己生命的声音。感伤怀旧，纤弱的内心情感，强烈的与外在世界冲突，病态的内心分裂，这些都表现得非常真诚。柴可夫斯基是一层一层地把自己穿的衣服全部脱光。他剥光自己的衣服，不是要你们看裸体，而是要你们看到灵魂。"

作家王蒙在他的文章中说："柴可夫斯基好像一直生活在我心里。他已经成为我生命的一部分了。柴可夫斯基的作品，多了一层无奈的忧郁，美丽的痛苦，深邃的感叹。他感伤、多情、潇洒、无与伦比。 我觉得他的沉重之中有一种特别的妩媚与舒展，这种风格像是——苏东坡。柴可夫斯基的乐曲，例如《第六交响曲》，开初使我想起李商隐，苍莽而又缠绵，壮丽而又幽深，温柔而又风流……再听下去，特别是第二乐章，便又回到苏轼那里去。"

他们把柴可夫斯基比作苏轼和李商隐，比作陀思妥耶夫斯基。或许我们会觉得把柴可夫斯基比作苏轼和李商隐，有些玄乎，不接地气儿，比作陀思妥耶夫斯基，又有些过分。但他们都是从文学中寻找到认同感和归宿感。柴可夫斯基进入中国，他已经不再是他自己，他不得不入乡随俗，融入我们。我们能从柴可夫斯基音乐中听到我们心底里许多声音。可以说，没有哪一位音乐家能和我们有这样的互动。

1840年5月7日，彼得·伊里奇·柴可夫斯基出生于维亚特斯基的一个富裕贵族家庭。父亲是一位矿业工程师，1848年父亲带着全家迁到圣彼得堡。从小柴可夫斯基身体就很虚弱，多愁善感，对音乐感受尤其敏锐。10岁时柴可夫斯基被送进圣彼得堡法律学校学习，并选修音乐课，师从菲利波夫，学习钢琴。

《天鹅湖》剧照

1859年从法律学校毕业，进入司法部任职，业余潜心研究音乐。1861年进入
俄罗斯音乐协会音乐班学习。1862年，俄罗斯成立了第一所高等音乐学校——
圣彼得堡音乐学院，柴可夫斯基成为该校第一批学生。1865年，柴可夫斯基以
优异成绩毕业于圣彼得堡音乐学院，毕业作品为康塔塔《欢乐颂》，获得银牌
奖。同年应尼古拉·鲁宾斯坦之邀，柴可夫斯基来到莫斯科，任教于新成立的
莫斯科音乐学院，并开始了创作活动。约10年时间，柴可夫斯基写下了许多早
期名作，其中包括3部交响曲、钢琴协奏曲、歌剧、舞剧、管弦乐序曲、室内
重奏等。由于教学任务繁重，柴可夫斯基为自己不能以全部精力投入创作而苦
恼。但为了经济来源，他又不得不继续担任教学工作。

　　柴可夫斯基很有吸引力，相貌英俊，姑娘们会轻易对他钟情。这个通晓世
故的男子曾赢得莫斯科最富有的女人梅克夫人的恩宠，足足给了他13年资助。
他善于辞令，能开怀畅饮，但绝不贪杯。受到异性喜爱，应该开心才对，然而
柴可夫斯基并不开心。据说，俄国公爵夫人和美国女演员都争先恐后地对他发
出宴请，向他表达崇敬之情，但是他心里却从没有产生过虚荣的念头，也没
有泛起过浪漫的涟漪。他结过一次婚，可这是一场不幸的婚姻。人们都说他害

怕爱情，害怕友谊，害怕与人类各种接触。每当他出席自己的音乐会时，总是喜欢坐在一旁把身子缩成一团，不跟别人交谈，不让别人认出他。有一次他对一个朋友说："你感到奇怪吗，一个已经有了成就的人居然会抱怨命运不济？唔，成功决不能补偿痛苦……"

不管在哪里，柴可夫斯基对女人都不怎么感兴趣。他在音乐学校里担任声乐教师时，女学生们都能骗取教师们的欢心，就是不得柴可夫斯基的青睐。柴可夫斯基冷漠、孤傲，但总是保持着绅士风度。这种状态，少不了造成周围人对他的误会。人们开始议论他，说他古怪，说他不正常，说他"不会跟女人"恋爱。这流言蜚语传到哥哥耳中，哥哥心疼弟弟便建议他去寻找一个适合的对象，柴可夫斯基也觉得有必要去找一位"合适"的女人。这时，有一位女人出现了，她长得非常美丽，性格豪放。这位女子开始接二连三地给柴可夫斯基写信，最终征服柴可夫斯基，不久两人便结婚。这位女子名叫安东尼娜·米林高娃。这就是之前提到过的柴可夫斯基那段不幸的婚姻。没多久，柴可夫斯基就发现这位女子并不适合他，他想逃离，但是失败了。没办法，柴可夫斯基只好屈服，他对安东尼娜说："我并不爱你，我脾气不好，没有钱，也不善于交际，很难相处。"安东尼娜并不在意这些，她如愿地与柴可夫斯基结为夫妇。据说，他们二人结婚后，还去过外地度蜜月。这对柴可夫斯基算是一段饱经折磨的时期。起初，他也曾试图让自己平静下来，他安慰自己，即使自己的选择是错的，至少新娘是爱他的。但是，又过了一段时间柴可夫斯基实在不能再牵强下去，便对安东尼娜说："我不能骗你，从我这儿，你只能得到兄弟般的友爱。"柴可夫斯基也曾在给梅克夫人的信中谈到过他这段婚姻。他说："这种苦恼的生活拖了一些时候。我喝了很多酒。安东尼娜并不使我害怕，她只是使我沮丧。可怜的女人，为了使我生活愉快，她已经做了一切能够做到的事。然而我却以最大的憎恶看待这一切。"最后两人还是离异，柴可夫斯基又回到他的音乐世界中去。

当柴可夫斯基面对外部世界，面对俄罗斯的自然与民众时，他的音乐总显得虚张空泛。《冬日的梦幻》中听不到刀锋割面的西伯利亚寒风，见不到哀鸿遍野的茫茫雪原，只能身裹皮袍在马车中颠簸摇晃，偶尔闪现出梦中的童话世界。《第二交响曲》《第三交响曲》也同样是勉为其难之作。《小俄罗斯》《波兰》摹写的都是他人生活，偶有民间弦歌引入也是在唱着他人的哀乐。直到《第四交响曲》《第五交响曲》《第六交响曲》出现，老柴才像是换了一个人，只有当他涂抹自我的情感底色时，作品的汗毛才倒竖，声响的血脉才贲张。一个个原本不该闯入的女性都破门而入，她们以不同方式搅动了他的心扉，从而使得沉潜在他灵魂深处凄厉的

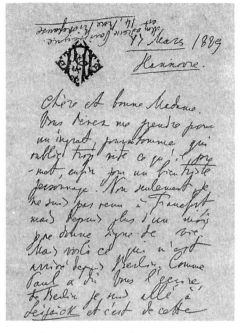

柴可夫斯基写给梅克夫人的信

歌吟与号啕迸发出来。如今，为他所牵挂者弃他而去，他终于感觉到"幸福永远不在他的那个地方"。

在这段时期，柴可夫斯基与梅克夫人一直保持通信，梅克夫人还送给柴可夫斯基一笔印刷费，让他把自己创作的作品印刷出来。《第四交响曲》就是在这时创作的，柴可夫斯基对这部曲子的前景很没有把握。初在莫斯科上演时，柴可夫斯基并不在现场，很久也没有得到有关演出结果的任何消息。最后，梅克夫人写信告诉他反映良好，特别是第三乐章很受欢迎。可是，音乐界的朋友们却没有对这部曲子做出任何评价。这让柴可夫斯基内心惆怅，他写信给梅克夫人说："我原来以为，即使这部交响曲不能深深打动我的那些音乐界朋友，至少也会引起他们的兴趣。"直到最后，一位音乐学院教师给他寄来官方的评语："前奏中嘹亮的小号声搞得太像标题音乐。每个乐章似乎都会变成芭蕾舞音乐。这种风格上的错误破坏了总的效果。"对于这种评价，柴可夫斯基做了尖锐答复："这部交响曲当然是标题音乐，标题音乐有什么不好？我的作品是仿照贝多芬的《第五交响曲》而写成。你难道看不见《第五交响曲》中有一个标题

吗？其中每一句都是我深深感受到的，每一个音符都是我最最真实的回声。"

《第四交响曲》第一乐章由圆号和大管奏出威严的号角声揭开整部交响曲的帷幕：阴森气氛一直笼罩着这一乐章，它阻止人们对幸福光明的向往与追求。作为序奏，它像一颗种子，播撒在《第四交响曲》的阔野上，成为音乐戏剧性发展的基础。柴可夫斯基说："这就是命运！它像达摩克利斯的剑，悬在头上，无时无刻不在折磨人们心灵。"小提琴和大提琴如在重压之下呻吟着，奏出哀叹的全部主题。接着，长笛和双簧管奏出明朗旋律。这像是幸福女神正在向人们招手，把人们引向光明的世界。第一乐章由三个主题作为基本形象，序奏象征命运，它威胁着人们对幸福的追求，不断把人们从梦幻中唤醒。两个副部主题虚构出一个空幻渺茫的甜梦，从侧面表现出对于命运的屈服与回避。

第二乐章是歌谣风的小行板。这部分犹如抒情歌谣，抚平了第一章人们迷乱、害怕的心绪。在弦乐均匀拨奏背景中，柔和的双簧管唱出一支动人歌调。起伏的旋律，延续的气息，刻画出人们在暮色中沉思、回忆的闲适心境。柴可夫斯基曾说起这一乐章："交响曲第二乐章反映的是另一种愁思。黄昏时分，当你工作累了而独自闲坐，出现一种忧郁感，拿起一本书来，它却从手中滑落。一连串的回忆浮现心头，岁月在落，今人伤逝。而回顾青年时代又使人心情愉快。抱憾过去，又缺乏重新开始生活的勇气。生活让人感到疲倦，休息一下，回首往事，会是乐趣。曾经有过欢乐时刻，青春热血沸腾，生活是满足的。有过痛苦时刻，有过无可补偿的损失。这一切都已十分遥远。沉浸于往事真是又悲哀又甜蜜。"在第二乐章中，听不到命运粗暴的嘶鸣声，人们在冥想中抚慰着受创伤的心灵，陶醉于诗一般的情调与意境中。

第三乐章是快板，谐谑曲。据柴可夫斯基讲，这个乐章"并没有表现明确的感情"，可以"任凭想象去自由驰骋"。梅克夫人听到这部分后，兴奋地说："它像电流一样通过我的神经。"柴可夫斯基也强调出拨奏的表现力："要是用弓弦来拉，就会味同嚼蜡，变成一具没有灵魂的僵尸，一切动人之处完全消失。"这个乐章柴可夫斯基曾留下一段文字："这个乐章是一些变幻莫测的阿拉伯式花纹和捉摸不定的形象，它们在你喝了一点酒微微有些醉意时闪现于意念中。心里不欢快，也不烦恼。什么也不思考，任凭想象去自由驰骋，但不知为什么它却描绘出一些奇怪的图画……浮现出一群酩酊大醉的农夫，响起一支街头小调。然后，在远远的某个地方走过一队兵士。这都是一些完全不相关联的形象，就像沉睡时从脑海掠过的一样。"

第四乐章是热情的快板。柴可夫斯基在谈到这个乐章时说："要是你不能从自身找到可以快乐的理由，那就看看别人吧！走向人民吧！看看他们是怎样善于寻求乐趣，使自己投入愉快的心情中。"

这部曲子柴可夫斯基就是想说：只有在别人的欢乐中感到欢乐，你才能克服个人命运的悲哀。

说到交响曲，除了《第四交响曲》之外，《第六交响曲》也是柴可夫斯基著名作品之一。毫不夸大地说，关于这部作品柴可夫斯基倾注了自己全部的心血，在他起腹稿时常常失声痛哭，他认为这是他的全部，他最好的东西，他从不曾像爱这部曲子一样爱其他的音乐子女。这部交响曲共分为四个乐章。第一乐章为快板，奏鸣曲式。乐章主题由中提琴、大提琴各分为两部分，奏出一个暗淡曲调。这一主题显示出在黑暗现实的巨大压力下，人们惶恐不安的心。副部主题相比起来就显得柔情、缠绵。伴着小提琴和大提琴柔和音乐，表现出对幸福、光明的无限渴望。突然，一个晴天霹雳般的和弦打破这种美好。展开部几乎全是发展部主题，人们又陷入紧张、焦虑气氛之中，渐渐在钢琴抒情声中结束。第二乐章为快板，复三部曲式。这里第一部分与第二部分对象鲜明，第一部分把人们引入幸福无虑的境界，旋律优美，富有诗意。而随之而来的第二部分，将这种和谐气氛打破，小提琴和大提琴发出无限悲怆的音调，心酸与甜蜜交织在一起，给人们一种揪心感。第三乐章为诙谐性进行曲，奏鸣式结构。这部分重点在副部主题，这是刚毅有力的英雄性主题，这一主题表现出英雄人物战胜一切险阻凯旋的心情。柴可夫斯基称之为"凯旋的、欢腾的进行曲"。第四乐章缓慢柔板，奏鸣曲式结构。这一乐章柴可夫斯基打破交响曲的古典规范，把它写成一首速度缓慢的哀歌，集中表现出黑暗势力的强大，和人们将要面临死亡时那种悲惨的结局。这部分老柴给我们了一个前所未有肝肠寸断的柔板，这也是世界上第一个以慢板作为结束的柔板。难以言说的哀伤睁着汪汪泪眼，既然是一个人伤感，为什么让普天下的人掩面失声？这是因为一个行将就木的时代到处飘散着病态的死寂，人人无法逃离。于是一个人的眼泪成就了所有人的捶胸顿足，一个人的情感风暴绑架了整个民族的悲哀。众生灵魂的多米诺骨牌一路坍塌，酿成了壮丽俄罗斯精神的雪崩。生命的意义也许从一开始就没有答案，如普希金在读过果戈理的《死魂灵》后感伤说："上帝就像我们俄罗斯一样忧伤。"

《第六交响曲》让人听到青春的记忆、幸福的闪回、怯懦的犹疑，然而这不过是哀莫大于心死的前奏。不为民众代言，不对灵魂做蘸血的鞭挞，也就没有英雄，更没有悲剧，只是"悲怆"而已。

《第六交响曲》是柴可夫斯基对自己的生命和死亡做的彻底思考与清点。交响曲写成后，霍乱病在整个俄罗斯蔓延，柴可夫斯基因喝了一杯带有细菌的水，也染上霍乱。他躺了四天，在第五天终于找到了归宿。两周后《第六交响曲》展现在舞台上，聆听这首乐曲的人都低下了头，流下眼泪。这就是柴可夫斯基，一个人沉沦，一个人告白，一个人祭祀，一个人挽歌。

安东尼·德沃夏克（1841—1904）
新大陆的缔造者

刻苦学习，偶尔作曲，多次修改，大量思考，少量吃饭。

——安东尼·德沃夏克

"在美国黑人音乐的曲调中，我发现了一个伟大而高尚的音乐学派所需要的一切。这些美丽而丰富的主旋律是这块国土的产物，它们是美国式的，是美国的民歌，你们的作曲家必须求助于它们。"浪漫主义后期作曲家安东尼·德沃夏克曾说过这样的话。他是把个人风格建立在祖国民歌和舞曲基础上的作曲家，是捷克民族乐派的创立者。

安东尼·利奥波德·德沃夏克生于布拉格拉霍奇夫斯，早年入布拉格音乐学校，毕业后进行音乐创作，1890年受聘于布拉格音乐学院。在此期间他受到祖国民族复兴、发展民族文化思潮的影响，接触了西欧古典乐派、浪漫乐派的作品。1892—1895年春应邀在美国纽约音乐学院教学并任院长，回国后任布拉格音乐学院院长，直到1904年去世。他是19世纪世界重要的作曲家之一，捷克民族乐派的主要代表人物，主要作品有《自新大陆交响曲》《B大调大提琴协奏曲》等。

德沃夏克于1841年9月8日诞生在捷克首都布拉格近郊的一个小旅馆主和肉商的贫苦家庭，他的童年是伴随着辛勤劳动度过的。13岁他便承袭父亲的道路，当了屠户学徒。但是德沃夏克十分上进，他刻苦自学，逐渐显露出音乐才能。最初德沃夏克跟随本村的乐师学习小提琴，16岁进入布拉格风琴学校学习。这所音乐学校是让他成为音乐家的摇篮。

1859年，德沃夏克以优异成绩从布拉格风琴学校毕业，此后他在布拉格临时剧院担任中提琴师。在此期间，他广泛地吸取各种音乐知识和技能，努力学习西欧古典主义和浪漫乐派作曲大师们的创作经验，并且迈上自己的音乐创作道路。他是一位富有民族感并且热爱祖国民族艺术的音乐家，对捷克民族乐派的伟大创始人斯美塔那所倡导和致力发展的民族音乐文化事业由衷地赞赏和拥护。在捷克民族独立运动的影响下，他为发展民族音乐做出了巨大贡献。

作为作曲家，早在1859年，年仅18岁的德沃夏克就发表了自己的作品。1865年，他的第一首交响曲《茨洛尼斯的钟声》问世，此后便开始了他源源不断的音乐创作。1878年，他创作的《斯拉夫舞曲》获得很大成功，从此奠定了他作曲家的地位。1892年，德沃夏克来到美国，担任纽约音乐学院院长的职务，此时德沃夏克51岁。

德沃夏克的故乡捷克是一个蕞尔小国，不到八万平方公里的土地却在音乐史上占有非凡地位。捷克曾是"欧洲的音乐学院"，18世纪"曼海姆乐派"中大部分音乐家都来自捷克。另外许多世界级音乐大师都曾到过捷克，贝多芬、莫扎特、柏辽兹、李斯特，等等，这些蜚声国际的音乐大家在这里创造了动人音符。德沃夏克更是对捷克抱有炽忱情怀。

德沃夏克一生的作品很多，体裁也很广。他共创作了12部歌剧，11部神剧和清唱剧，9部交响曲，5部交响诗，6部协奏曲，32首室内乐，此外还有大量的钢琴曲、小提琴曲、序曲和歌曲等作品。其中最著名的有《e小调第九交响曲》《自新大陆交响曲》《b小调大提琴协奏曲》《狂欢节序曲》《F大调弦乐四重奏》和歌剧《水仙女》《国王与煤工》。

不管德沃夏克有多么高产，他的作品总是带有强烈的民族传统。这种扎根于捷克的"民族风"不同于现在所谓的"最炫民族风"。在艰苦环境中成长起来的德沃夏克，内心深处关于农村质朴的情感始终没有改变，对于祖国热爱而忠贞。他与出版商西姆洛克关系密切，然而好友之间也有争执。有一次西姆洛克建议德沃夏克用德语书写签名，这一意见引起坚持使用捷克语书写的德沃夏克强烈不满，双方争执不下，最终德沃夏克生气地对西姆洛克说："我只想告诉你一点，一个艺术家也有他自己的祖国，他应该坚定地忠于自己的祖国，并热爱自己的祖国。"德沃夏克对祖国忠诚的热爱传为佳话，后来甚至有人戏谑他"甚至对上帝说话也只是用捷克语"。

美国的家庭假日

热爱民族传统的德沃夏克并不固步自封，他积极汲取国外优秀营养，却不会失去自己本身的风格特色。他的民族主义观点纯粹而坚定，他认为捷克民族自身的音乐足以征服所有人的耳朵。他的身上背负着一种拯救民族音乐的圣人光辉——希望通过自己的音乐让世人认识到整个捷克这个小小民族所有的美好。

德沃夏克在一生的音乐创作中始终把民族性这一重要因素放在首位，在创作上达到尽可能完美的境地。他在美国任教期间，以美国黑人音乐为素材，创作了著名的《F大调弦乐四重奏》和他那光辉的代表作——《自新大陆交响曲》。可以说《自新大陆》是德沃夏克最为知名的乐曲，这部交响曲完美诠释了德沃夏克对祖国的思念与热爱。1969年阿波罗载人飞船登上月球时响起的乐曲，正是这首《自新大陆》！这是多么光辉的一刻，多么璀璨而又令人热泪盈眶的一刻！这样美妙的曲子在距地球无比遥远的月球上响起，那是一颗从这个角度看上去散发着莹莹光泽的星球。嫦娥与玉兔听到这样动人的乐曲是否会翩翩飞舞，是否也会思念故乡呢？

1892年美国纽约国家音乐学院聘请德沃夏克出任该院院长，德沃夏克应邀赴美。在美国不到三年的时间里，德沃夏克带着对故乡的深沉思念备受煎熬。他怀念在故乡维所卡的那些鸽子，那里的湖泊、森林、池塘、一草一木。这些点点滴滴的回忆融入在《第九交响曲》这部动人的交响乐中。

登上月球

《第九交响曲》是德沃夏克在1893年5月完成的。这部交响乐实际上是作者对于美国所在的"新大陆"产生的印象的体现。曲中虽然有类似"黑人灵歌"与美洲"印第安民谣"的旋律出现，但德沃夏克并非原封不动地将这些民谣歌曲作为主题题材，而是在自己的创作乐思中揉进这些民谣的精神而加以表现。将此交响曲命名为"自新大陆"者，正是德沃夏克本人。

全曲共分为四个乐章，其中第二乐章最缓板，广板，降D大调，4/4拍，复合三段体。这一乐章是整部交响曲中最为有名的乐章，经常被提出来单独演奏。其浓烈的乡愁之情，恰恰是德沃夏克本人身处他乡时对祖国无限眷恋之情的体现。整个乐队的木管部分在低音区合奏出充满哀伤气氛的几个和弦之后，由英国管独奏出充满奇异美感和神妙情趣的慢板主题，弦乐以简单的和弦作为伴奏，这就是第二乐章的第一主题。此部分被誉为所有交响曲中最为动人的慢板乐章。事实上，也正因为有了这段旋律，这首交响曲才博得全世界人民的由衷喜爱。这充满无限乡愁的美丽旋律，曾被后人填上歌词，而改编成为一首名叫《恋故乡》的歌曲，并在美国广泛流传，家喻户晓。第二乐章的第二主题由长笛和双簧管交替奏出，旋律优美绝伦，在忽高忽低的情绪中流露出了一种无言的凄凉，仍是作者思乡之情的反映。乐章的第三主题转为明快而活泼的旋律，具有一些捷克民间舞蹈音乐的风格。德沃夏克在创作《第九交响曲》时，深受美国本土诗人朗费罗的长诗《海华沙之歌》的影响。这在音乐的第二、三乐章最为明显。《海华沙之歌》是一部关于传说之中印第安人的领袖海华沙的英雄史诗。由于那个著名的"念故乡"主题，现在人们多数认为第二乐章是一首感情浓烈的思乡曲。其实第二乐章原有"传奇"的标题，德沃夏克的本意是描写海华沙带领部族穿越美洲荒野的壮丽旅程。

乐章一开始，铜管乐和定音鼓用低音奏出5小节庄严的和弦，设定了"暗夜"这一情景，弦乐器随后进行简单的铺垫和连接。而后，英国管奏出了主题。这是一个充满忧伤、孤单和苍茫的主题，含有无限的情愫，表现了印第安人孤单寂寞的旅途。该主题被誉为"所有交响曲中最动人的主题"，这也是这首交响曲中最著名的段落。不久之后，德沃夏克在纽约音乐学院的学生费舍将这个旋律改编成一首歌曲，这就是在中国乃至全世界传唱不衰的《念故乡》。英国管12小节的独奏之后，单簧管和小提琴进行了简单的重复，英国管再度出现，独奏缩短为4小节。圆号用极弱的力度重复主题的前半部分，音乐进入了第二部分，E大调、长笛和双簧管同度演奏一个用下行音阶构成的主题，苍凉优美的音色更加凸显了音乐的传奇色彩。随后弦乐组接过木管，用中低音继续发展这一主题，音乐渐渐归于平静，最后达到了几乎沉默的地步。此时，突然出现的双簧管独奏巧妙地打破了沉寂，用吐音奏出一个轻快的六连音，长笛在高音用颤音和波音应答，而后高八度重复双簧管的六连音，其他木管乐器和弦乐也逐渐加入，将这一音型迅速发展壮大，随后加入的铜管将本乐章推向高潮。长号奏出第一乐章的第一主题，小号奏出"念故乡"主题，小提琴则奏出第一乐章展开部的主题，整个乐队构成了巨大的赋格，小号和小提琴交相辉映，音乐达到了白热化，振奋人心。大高潮之后，音乐逐渐收束，回到降D大调上。英国管第三次出现，弦乐组的乐器每件只剩下两把，最后只剩下一把小提琴和一把大提琴对奏，苍凉凄美，勾动人心。恢复齐奏之后，中低音铜管再度出现，奏出一开始庄严的序奏，长笛和小提琴进入极高音区，随后音乐结束于低音提琴缓慢的、极轻的和弦上。

有些人认为单单喜欢某一作曲家的某一乐章并非真正喜欢这个作曲家，可是那又能怎样呢？关于德沃夏克《自新大陆交响曲》第二乐章确实太多人喜爱，不能否认他也有其他的许多优秀作品，但是若是为了与众不同而忽略第二乐章那便是得不偿失了。上世纪90年代美国音乐评论家古尔丁评出世界古典作曲家前

自新大陆交响乐第二乐章主题

（捷）德沃夏克 曲

《自新大陆》乐谱

50名，德沃夏克排在第12位。虽然这只是古尔丁个人看法，但可以看出德沃夏克在音乐史上的地位举足轻重。说起《自新大陆交响曲》第二乐章，古尔丁甚至说出了这样的话："不能享受它简直是一种耻辱。"德沃夏克的权威评论家同时也是《德沃夏克传》的作者奥塔卡·希沃莱克认为这段音乐"简直优美绝伦，在一切交响乐的慢板乐章中，这是最动人的一个"。

由于德沃夏克的交响曲深受古典乐派的影响，所以他的作品结构坚实、牢固。另外，由于他具有天生的丰富敏锐的旋律感，因而他的作品充分发挥了旋律的魅力，不像传统的古典交响乐那样单纯发挥技法。这就是德沃夏克交响曲的特殊之处。德沃夏克的管弦乐法，并不反映当时的潮流，虽然没有华丽绚烂的色彩，却显得十分朴实可爱。正是因为如此，他的管弦乐法遭到当时某些乐评家的误解。实际上，德沃夏克的交响曲不但能充分发挥各种乐器的特性，在乐器的组合运用方面更具有无穷的妙味。

音乐是世界通用的语言，而德沃夏克的音乐百转千回。在这样的音乐面前语言早已无力，我们笨拙地想要学习仓颉造字来描绘这样的美妙。他的每一个音符，每一个跳跃与转折都会瞬间击中听众内心最柔软之处，让听众在一片氤氲着月光与雾气的氛围里卸下层层盔甲，摘掉脸上僵硬的面具，展现灵魂的最柔软与最真实。

《第九交响曲》于1893年12月16日由安东·赛德指挥纽约爱乐乐团在美国最

高级别的音乐厅——卡耐基音乐厅进行首演。首演获得了极大成功，观众对这部作品好评如潮，热情达到了无以复加的地步。纽约的乐评人也对《e小调第九交响曲》极尽溢美之词，称"没有任何一个作曲家在美国取得如此成功"。纽约音乐界沉浸在一片兴奋之中，德沃夏克本人也承认，自己受到的赞美"就像马斯卡尼在维也纳一样"。

德沃夏克的创作浸染着深刻的捷克民间色彩，在主题与结构方面同捷克民间音乐的神韵和特点有密切的联系。他的作品反映了作者的爱国热诚和为复兴祖国民族文化所做的最大努力，他的一些大型作品以人民的斗争和对先烈的赞颂为主题，有许多作品再现了捷克大自然和民间日常生活的画面，还有一些作品则采用捷克古代的历史和美丽的神话为题材。

德沃夏克同斯美塔那一样，认为用音乐来赞颂自己的祖国和巩固人民对更加美好未来的信念是他们义不容辞的神圣职责。只是在对待民间音乐素材方面，斯美塔那所瞩目的只偏重于捷克，而德沃夏克不但注意到捷克的民间音乐，他也转向摩拉维严和斯洛伐克，他似乎更加重视斯拉夫各民族间的相互联系。

德沃夏克一定是一个念旧并且恋家的人，他对故乡的思念通过音乐传递给每一个听众。似乎从每一首曲子、每一节篇章、每一个音符中都能看出德沃夏克眼中的捷克。蜿蜒流淌的伏尔塔瓦河，雨后草坪上挂着的雨珠，波西米亚森林与草原散发着泥土的芬芳，扑棱着翅膀的白鸽是他爱极了的动物，阳光照耀下有着温暖光辉的小房子。这一切的一切就像梦中的场景一样在脑海中闪现，似乎我们的前生就生活在这里，对这里很熟悉却又很陌生。

"床前明月光，疑是地上霜。"原来音乐竟比语言更纯粹，原来所有花言巧语巧舌如簧的赞美到最终竟会是"词穷"。

约翰·施特劳斯（1825—1899）
春水初生不如你

> 我在旋律上花费很多功夫。重要的事情不在于旋律的开始，而是把它继续下去，发展成丰富的艺术形象。
>
> ——约翰·施特劳斯

朗格曾说过："有人把施特劳斯比作哈塞，这种比喻是恰当的，因为他们天生都是热爱艺术的大师。施特劳斯懂得他的听众，知道怎么样满足他们的要求。"他的作品就像是一艘船，时而航行在潮平两岸阔的水域，千里江陵一日还，痛快淋漓而且风光无限；时而航行在浅滩上，船的航行一下子变得艰难起来，需要人下去拉纤，就好像需要在乐谱上注明标题方才能让人明白一样。

你多愁善感，

你年轻、美丽、温和柔顺，

犹如矿中闪闪发亮的金子，

真情就在那儿苏醒，

在多瑙河旁，

美丽的蓝色的多瑙河旁。

香甜的鲜花吐芳，

抚慰我心中的阴影和创伤，

不老的灌木丛中花儿依然开放，

夜莺歌喉啭，

在多瑙河旁，

美丽的蓝色的多瑙河旁。

想必大家对这首诗都不陌生，不过重点不在这首诗，而是由此诗所创作的一首曲子《蓝色多瑙河》。

1866年普奥战争爆发。7月，奥地利在萨多瓦战役中一败涂地。哀伤、压抑、沉闷的气氛笼罩在这座城市中。为了振奋人心，约翰·施特劳斯应维也纳男声合唱协会之约创作出这首《蓝色多瑙河》。

创作这首《蓝色多瑙河》的就是奥地利著名作曲家——约翰·施特劳斯。1825年，约翰·施特劳斯出生于维也纳。父亲是一位非常热爱音乐的人，在慕尼黑皇家乐团担任首席圆号手。据说，小时候施特劳斯一听到圆号声就开始笑，而一听到小提琴声就开始哭，可见父亲的圆号与施特劳斯有一种说不出的缘分。父亲一生崇拜贝多芬、莫扎特，却不喜欢当时风光一时的瓦格纳。他攻击瓦格纳是"酒鬼瓦格纳"。1883年，瓦格纳逝世时，乐团所有的乐手都起立默哀，只有他一人坐在位置上一动不动。只是上帝就喜欢开玩笑，老约翰怎么会知道日后自己儿子会成为瓦格纳的追随者。

施特劳斯自幼爱好音乐，不到7岁就写出来第一首圆舞曲。虽然父亲是搞音乐的，但却不支持儿子也从事这个行业。老约翰总是害怕孩子将来会跟自己一样，一辈子只为应付演出而疲于奔命，他希望把儿子培养成银行家。可是施特劳斯没能遵循父亲的意愿，他毅然决然选择了音乐。1844年，年仅19岁的施特劳斯组织了一个小乐队，并且登台演出。在这场演奏会上，施特劳斯演奏了他创作的几首圆舞曲，获得很大成功。第二天，维也纳一家报纸就写道："晚安，老施特劳斯。早上好，小施特劳斯。"这正是在说施特劳斯的时代来到了。

1848年，欧洲资产阶级民主革命爆发。施特劳斯也同样加入革命队伍，当上国民军乐队队长，指挥了《马赛曲》和他自己创作的革命进行曲和革命圆舞曲。1849年，施特劳斯父亲去世，他把父亲的乐队与自己的乐队合并，并多次带领乐队赴奥地利、德国、俄国等国旅行演出。

施特劳斯在指挥宫廷演奏会

1870年，作为圆舞曲和舞曲作曲家的施特劳斯转向舞台乐的创作。他写了17部轻歌剧、一部歌剧和一部芭蕾舞曲。在这些作品中，绝大部分都由于其低劣的歌剧脚本而宣告失败，或很快以半失败而烟消云散。1885年，41岁的施特劳斯在彪罗的推荐下到迈宁根管弦乐团做指挥时，结识了里特尔。他们两人一见如故，几乎每天晚上都要一起泡在小酒馆里，高谈阔论一抒襟怀。里特尔告诉他：贝多芬早已日暮途穷，布鲁克纳也散漫芜杂，勃拉姆斯更是老迈而空洞乏味，音乐的救赎只有靠交响诗的乐思了。他开始向施特劳斯鼓吹李斯特和瓦格纳，认为他们俩为标题音乐做了音乐实验。标题音乐和音乐本身一样古老，只有打开这扇大门才能走进音乐新境界。施特劳斯听了，并不敢多说什么，只有频频点头的份儿。从小就在父亲古典主义浓郁气氛教育中，施特劳斯早就觉得麻木，他渴望寻求到新东西，便迅速离开了父亲的古典主义那条老路，疯狂崇拜瓦格纳和李斯特。这一次重要转向，是施特劳斯创作中重要的转折点，因此他很感谢里特尔。他曾说："在这个世界上，不论今人古人，我最感谢的就是里特尔。里特尔的忠告标志了我音乐生涯的转折点。"施特劳斯成了瓦格纳和李斯特的传人，但是施特劳斯与他们的音乐并不完全相同。细听他的作品，我们能发现那只是一种形似，而不是神似。这也正是施特劳斯音乐作品精华之处，他开创了新时代，音乐史称之为反浪漫主义时期。

施特劳斯在音乐方面的主要贡献就在交响诗与歌剧。他最早一部交响诗

新加坡交响乐团演出

《意大利》，1886年创作，可以说是他受到里特尔启发之后的第一部作品。他在意大利时，就抑制不住自己激动的心情写信给里特尔："在罗马废墟上，我发现乐思不请自来，而且成群结队地来。"这部作品最特别的就是后来被德彪西称为"苏联托行板"的一段和结尾那种戛然而止的跌落，让观众们感受到陌生，甚至是惊讶。1887年，《意大利》在慕尼黑首演，施特劳斯亲自指挥。演出效果相当好，观众一边鼓掌，一边发出很响的嘘声。自然也有不喜欢之人，说他脑子有毛病。事后，施特劳斯写信给他一位朋友说："我感到非常骄傲，第一部作品就遭到如此强烈的反对，这足以证明它是一首有意义的作品。"

施特劳斯的一大成就是将华格纳大型歌剧乐团的表现力用于音乐会大厅。虽然他某些门德尔松式的早期作品诸如《小提琴协奏曲》《第一法国号协奏曲》现在仍有人演奏，但真正的施特劳斯却是随着交响诗《唐璜》而崭露头角的。

"唐璜"这个来自中世纪西班牙传说的人物，对于一代又一代的作家和艺术家有着持久吸引力。据统计，以它为主题的文学艺术作品不下百余种。其实"唐璜"这种形象本身也被不同时代的人们赋予了不同内涵。从传说中放荡不羁、无恶不作的登徒子到拜伦长诗中的"拜伦式英雄"，都有唐璜形象的影子。在施特劳斯之前，"唐璜"在音乐中的不朽写照当然是莫扎特的歌剧《唐璜》。不过施特劳斯创作交响诗《唐璜》的影响并非来自这部歌剧，而是德国诗人尼克劳斯·莱瑙的诗剧。施特劳斯在他的《唐璜》总谱上摘引了莱瑙诗剧中的三个片段，作为对听众的提示。

《唐璜》是施特劳斯第一部大获成功的交响诗，这其中一个重要原因在于，它是施特劳斯第一部"自传性"作品。他将自己的爱情体验，将自己对昔日恋人多拉·韦汉的眷恋与怀念倾注于笔端，写出了真挚动人的音乐。在《唐璜》这部作品中，施特劳斯大胆采用了多调性和无调性的新技法，也就是说打破了古典主义传统技法，将路数拓宽。对于听惯了古典和浪漫音乐的人来说，未免有点不太适应，保守派的质疑就更不用说了。在《唐璜》演出之后，他父亲说："少一点外在炫耀，多一点内涵吧。"欧洲音乐界评论家汉斯力克也写文章说道："可以发现年轻一辈的人才，在音乐上有前所未有的创新，确实展示了大师手笔。但是，过犹不及，对他而言，色彩才是重心所在，乐思则是空空如也。"

　　《唐璜》这部曲子开头部分是最新颖动人的，也是最难演奏的段落。施特劳斯曾以一种过于世故的口吻对一位同行传授经验："最重要就是在作品一开始就紧紧吸引住听众的注意力。做到这一点，后面你就可以为所欲为了。"而《唐璜》正是这一经验的最佳例证。这部作品首次登场就给人们留下了深刻印象。小提琴上旋风般的片段与光彩闪烁的小号音型结合，形成一种独特的乐队音色，借用英国音乐学家迈克尔·肯尼迪的话说，"这种音色散发着享乐主义的迷人气息。"这一部分将唐璜个性中的躁动、热情描写得淋漓尽致，像是一个引子，以寥寥数笔为主人公登场做了铺垫。第一主题是由铜管乐器、小提琴与木管乐器为主奏。铜管乐器增加了英雄般的气势，而小提琴与木管乐器则像是在温柔对话，给我们讲述唐璜的第一次爱情经历。不过从此起彼伏的旋律中，我们能感受到这不过是逢场作戏的风流韵事。在这部分中，表现出唐璜在旺盛的生命力和征服欲驱使下不断寻找新目标，显示着唐璜对于理想女性美的渴望。这是唐璜第一次强烈体会到爱情的陶醉和灵魂直入云霄般的狂喜。第二部分音乐响起，唐璜又开始冒险，像是在寻找下一个美丽女子。低音弦乐器上起伏不定的声音引出了双簧管宽广、宁静的旋律。这像是唐璜的情歌，也像是施特劳斯对自己心中理想女性的永恒纪念。在双簧管深情歌唱之后，圆号接过了这段旋律，赋予它浓郁的诗意和伤感色彩，之后这个美妙旋律再次由双簧管主奏。在这段展开部之后，音乐并没有回到传统意义上的再现部，而是在小提琴高音区光彩夺目的背景上引出一个新主题。这是由四支圆号齐奏出的气势宏大的主题，是对唐璜性格更深的展示。再经过变化的双簧管、圆号、小提琴，使音乐交织、融合，形成灿烂高潮。在高潮到来后，音乐突然终止，小号凄凉的和弦与弦乐悲哀的震音表现出唐璜生命结束。

除了交响诗，施特劳斯在歌剧方面也相当出色。他一共写了15部歌剧，现在最为有名的就是独幕《莎乐美》和三幕喜歌剧《玫瑰骑士》。作为一般听众，听过施特劳斯的《莎乐美》就能足够领略他歌剧的魅力了。《莎乐美》源自《圣经》中莎乐美的

剧照

故事，在歌剧中有风格大胆的段落：莎乐美在希律王的宾客跟前跳起著名的"七层面纱之舞"，边跳边逐层脱去身上的七层纱，最后全身赤裸躺倒在希律王脚下。该剧曾在一些国家遭禁演，但当时作曲家马勒认为这是"我们这个时代的划时代作品"。这一部分也是现代人耳熟能详的一段。但是对于这种新思维创作，有些人总是不能够接受。他父亲在《莎乐美》还没有上演时就说："天啊，多么不安的音乐，就如同一个人穿着满是金龟子的长裤一样！"

《莎乐美》参演的歌唱家与演奏家多达一百多名，配器中用到了诸如海克尔双簧管、嗵嗵鼓这样非常规乐器，另外还用上了管风琴和风琴等，音色绚丽多彩。虽然结构复杂，但施特劳斯笔触简洁，音响清晰而有层次。施特劳斯在剧中将东方色彩与浪漫的音调相结合，并加入了一些表现主义手法，使得这部歌剧在听觉和视觉上都具有强烈冲击力。1905年《莎乐美》上演，获得巨大成功。马勒在观看后给予高度赞赏，他说："在一层层碎石之下，

蕴含在作品深层的是一座火山，一股潜伏的火焰，不只是烟火而已！施特劳斯的个性或许也正是如此。这正是在他身上难以去芜存菁的原因。"中国国家交响乐团音乐家也表示："《莎乐美》的声乐部分对歌唱家极具挑战，如'希律王'总在高音区延长，音乐神经质且躁动不安；'莎乐美'的声线需要有音量、持久力和戏剧性的张力，音域极广，还要有从极弱到极强的力度控制。此外，'莎乐美'这个角色还要求演员能用舞蹈动作来演绎'七层面纱之舞'。"莎乐美的故事曾被王尔德改编成戏剧。剧中，莎乐美是年仅16岁的妙龄少女，由于向约翰求爱被拒，愤而请希律王将约翰斩首，把约翰的首级拿在手中亲吻，以这种血腥的方式拥有了约翰。因此，莎乐美也被视为爱欲的象征。另外，莎乐美的故事在中国也很受欢迎，曾被改编成话剧。

可惜无论是歌剧还是交响诗，都已经无法再达到瓦格纳和贝多芬时的光辉了。人们再也不会像过去那样，坐在歌剧院中听歌剧和交响诗，而施特劳斯也早已明白这一点。只不过他还是坚持将交响诗作为自己创作上的中心，并决心要做出更大贡献。施特劳斯的作品有非常动听的，当然也有不动听的。有人评价说："他的作品就像是一艘船，时而航行在潮平两岸宽阔的水域，千里江陵一日还，痛快淋漓而且风光无限；时而航行在浅滩上，船的航行一下子变得艰难起来，需要人下去拉纤，就好像需要在乐谱上注明标题方才能让人明白一样。"

我们都称施特劳斯为"圆舞曲之王"，他的圆舞曲作品《蓝色多瑙河》是其重要的代表作。这部曲子原先是一首男声合唱曲，在维也纳演出时，听众反应平平。半年之后，施特劳斯将它改变为管弦乐曲，在巴黎举行的万国博览会演奏会上公演时，获得巨大成功，此后，被誉为"奥地利第二国歌"。

据说，《蓝色多瑙河》的诞生颇有戏剧性。有一天，施特劳斯在多瑙河旁徘徊辗转、彻夜未归。后来总算到家，换了一件脏得出奇的衣服又出去了。妻子阿黛勒拿起他换下的衬衣一看，上面密密麻麻写着乐谱！阿黛勒是一位音乐素养很高的女子，她看着衣服上的乐谱不禁哼了起来，越唱越觉得有一种非凡魅力。她激动地跑出去寻找丈夫。谁知她前脚刚出去，后脚洗衣店妇女就来了，一看有这么多脏衣服，便拿走去洗。阿黛勒没能找到丈夫，又回到家中，这时发现那件衬衣居然不见了。她心焦如焚，不过并没有丧失理智，瞬间猜想到事情缘由。她飞一般的冲向洗衣店，终于在这件衬衣下水之前，抢救下来。这部作品至今留世扬名，说起来还有施特劳斯妻子的一部分功劳。

《蓝色多瑙河》一开始是小提琴演奏，犹如微波荡漾的多瑙河在晨曦中慢慢苏醒，这为引出第一圆舞曲做了准备。第一圆舞曲为单二部曲式，节奏轻快，旋律明朗，充满了生命气息。第二圆舞曲为单三部曲式，第一段起伏跌宕的旋律构成这部分主题，让人们有一种清爽、朝气蓬勃的感觉；第二段变得柔和起来，像是轻纱在空中飘舞，像是水一般的女子在起舞，妩媚动人。第三圆舞曲为单二部曲式，第一段乐曲节奏适中，给人一种高雅感；第二段乐曲速度加快，每一句开头都出现八分音符，使音乐变得富有流动性、旋转性。第四圆舞曲为单二部曲式，第一段乐曲主题是甜美动人、乐观向上的，接着引出充满动力的第二乐段，欢快给力，让人们禁不住站起来摆动舞姿，沉浸其中。第五圆舞曲同第四圆舞曲相同，为单二部曲式，第一段乐曲由木管和小提琴演奏，旋律悠扬动听，接着第二乐段齐奏，使其达到高潮。整部曲子最终在欢腾热烈的气氛中结束。

德国哲学家朗格在谈论施特劳斯时曾说："有人把施特劳斯比作哈塞，这种比喻是恰当的，因为他们天生都是热爱艺术的大师。施特劳斯懂得他的听众，知道怎么样满足他们的要求。哈塞亲眼看到莫扎特的成功，施特劳斯和哈塞一样，他在理应归属的时代之后继续活了一个世纪之久，他从他自己的独立堡垒里望着20世纪音乐的前进。"

1899年6月3日，施特劳斯在维也纳去世，享年74岁。

吉亚卡摩·普契尼（1858—1924）
今夜无人入睡

歌剧里有永远不变的原则，那就是要吸引人心和感动人心。

——吉亚卡摩·普契尼

《图兰朵》是普契尼没能完成的遗作，但真要说什么是普契尼的绝笔，应当是《今夜无眠》。相比于威尔第在《阿依达》中的巨大成功，《图兰朵》只能说是普契尼的小试牛刀。即便是不成熟的尝试，也给世人留下了一曲《今夜无眠》。纵观普契尼的歌剧，其婉约风格的完美，已经在《波希米亚人》和《蝴蝶夫人》那样的剧中成功抵达了……

"全能的上帝用小手指轻轻点着我，说道：'为戏剧写作——你要注意，只为戏剧写作！'我遵从了这至高无上的指示。"普契尼有十分敏锐的戏剧感，强烈而自发的旋律天才，又学得一手惊人的和声与配器技巧，使他的歌剧成为20世纪最成功的杰作，可以说普契尼是驾驭舞台效果的高手。

意大利著名歌剧作曲家吉亚卡摩·普契尼出身音乐世家，他的父亲生前是教堂风琴手。他5岁丧父，后随其父的学生学习管风琴，并在当地教堂任管风琴乐师。1876年到比萨观看威尔第的《阿依达》，这是他音乐之路上的一次重要转折，就是这个时候普契尼真正爱上了歌剧。1880年普契尼进入米兰音乐学院学习，师从著名小提琴家、室内乐作曲家巴齐尼和蓬基耶利。1883年以《随想交响曲》作为毕业作品，引起米兰音乐界的广泛关注。1893年《曼侬·雷斯科》问世，成为其四部成熟歌剧的先导。这四部歌剧是《绣花女》(1896)、《托斯卡》(1900)、《蝴蝶夫人》(1904)及《西部女郎》(1910)。它们都有动人的爱情故事，以女性为主角，以悲剧结尾。音乐清晰、优雅，并与歌词及形象密切结合，但《蝴蝶夫人》因与前几部雷同以致首演失败。《西部女郎》于1910年12月10日由著名指挥家托斯卡尼尼于纽约大都会剧院指挥演出，获得极大成功。此后普契尼深感难以适应新世纪潮流，承认"写歌剧是难事"。他对同时代歌剧创作甚感兴趣，经常研究德彪西、R.施特劳斯、勋伯格和斯特拉文斯基等人的作品，由此创作了由三部情趣迥异的独幕歌剧——情节夸张的《外套》、伤感的《修女安杰丽卡》及喜剧《贾尼·斯基基》组成的《三联剧》(1918)。其最后歌剧《图兰朵》是唯一以印象派技法写作的意大利歌剧，可惜因患喉癌，未完成手稿而逝。该剧1926年4月25日由托斯卡尼尼指挥，在史卡拉剧院以未完成形式首演，后又由阿尔法诺按遗留草稿写完最后两场。普契尼堪称意大利歌剧的最后一位作家和写实主义歌剧的代表。他认为"歌剧的基础是题材及其处理"，因此他将剧本与音乐并重。其大部分歌剧的主题是"为爱而生，为爱而死"，对女主人公满怀同情但又有很强的施虐色彩，从而使他的歌剧既动人但又有局限性。他的音乐源于19世纪意大利歌剧传统，其和声与配器风格表现出同代作曲家的探索成果，乐队作用加强，但保持以歌声为主的传统意大利歌剧风格。

莫扎特之后的几位歌剧作曲大师，倘若与古希腊戏剧相比较，瓦格纳和威尔第的美学风格与埃斯库罗斯相近，而欧里庇德斯的悲剧风格，则体现在普契尼的歌剧里。如果说，威尔第歌剧是英雄主义传统的集大成者，那么普契尼则是将歌剧诉诸悲悯情怀的绝代宗师。普契尼歌剧虽然不乏激情，但骨子里却是水一般的怜悯，宛如一轮皎洁的明月，高悬于繁星点点的歌剧史夜空。

与威尔第歌剧和贝多芬激情不同，普契尼歌剧的哀婉风格，承接了与贝利尼同时代的另一位意大利歌剧大家——在普契尼出生十年之前谢世的唐尼采蒂。倘若将贝利尼看作威尔第歌剧的先声，那么唐尼采蒂则是普契尼歌剧的前驱。唐尼采蒂是位极其多产的作曲家，仅歌剧就写了75部。最著名的传世之作

《拉美莫尔的露琪亚》于1835年面世，与普契尼于1893年在意大利都灵皇家歌剧院上演的成名作《曼侬·列斯科》相距58年。然而，这两部歌剧所呈现的悲剧意蕴和艺术风格却惊人相似。仿佛是唐尼采蒂歌剧里的露琪亚，一不小心走进普契尼的歌剧，结果变成了曼侬。《曼侬·列斯科》中曼侬所唱的两段著名咏叹《那薄薄的窗帘》和《在这柔软的锦缎生活中》，与露琪亚的两段著名咏叹《狂乱场面》和《香烟袅袅》，情境有异，意境相同，好像一对美丽的并蒂莲。当然，同样作为美声唱法的经典杰作，相比之下，露琪亚的两段女高音，无论在技法要求还是角色表演上，都要比曼侬的咏叹有难度。不管怎么说，《拉美莫尔的露琪亚》毕竟是唐尼采蒂炉火纯青之作，而《曼侬·列斯科》只不过是普契尼的小荷才露尖尖角。

普契尼歌剧就此诞生的另一个标记则是接踵而至的男高音《冰凉的小手》。以往的男高音，即便抒情，也照样刚硬，仿佛不如此就不像个男子汉似的。男高音于是成了浓重的云雾，而且还以厚重的程度衡量阳刚的底气。但普契尼的一曲《冰凉的小手》却于风情万种之间透出一股空前的柔婉，从而将男高音在高音C上的金属声诉诸温馨的呵护。中国古人所谓天下至柔克天下至刚，于此获得声乐上的实证。不要说威尔第《阿依达》或者《茶花女》中的男高音咏叹，即便是莫扎特《唐璜》中那曲著名的《我亲爱的宝贝》也相形失色。仅仅是凭借这一曲《冰凉的小手》，普契尼就足以在歌剧史上独领风骚。须知，从此以后，整整一个世纪的男高音大家，诸如卡鲁素、基利、斯台方诺乃至帕瓦罗蒂，缘此有了竞相争鸣的绝佳选曲。

像《波希米亚人》这样的歌剧，能够写出一部，就足以置身大师行列。好比威尔第，只消一部《茶花女》便已足够。另一部姐妹篇《卡门》，是由比才谱就的。但普契尼的了不起却在于，一个人写出了两部。另一部姐妹篇，便是柔美如樱花的《蝴蝶夫人》。剧中女主角唱出的那曲《晴朗的一天》几乎就是《我的名字叫咪咪》的续篇。倘若《我的名字叫咪咪》犹如黎明时分，那么《晴朗的一天》便如春日撒在树叶上的阳光。这是一种透明的声乐旋律，技巧难度并不高，但要唱出完美的透明，却比弹奏出肖邦《夜曲》里的诗意还难。可以说，至今还

《蝴蝶夫人》剧照

没有一个女高音成为演绎《晴朗的一天》的经典大家，犹如卡拉斯演唱诺尔玛咏叹，普拉斯演唱阿依达。这曲《晴朗的一天》既要求樱花般的柔婉，又要求露珠般的晶莹，并且还要求足够亮丽的力度。卡拉斯的音质过于沧桑，萨瑟兰的高音过于典雅，斯各特的唱法过于刻板。要西方女高音具备东方少女的清纯嗓音，非常困难；反之，要东方女歌唱家熟谙美声技巧，又过于苛求。

普契尼在《蝴蝶夫人》一剧里，不仅写出一曲最为著名的女高音经典，更将在《波西米亚人》里没能发展完备的男女高音两重唱成功地诉诸非他莫属的完美。这里指的是，乔乔桑和平克顿的爱情两重唱：《黄昏已来临》和《美丽的夜晚》。相对于莫扎特《魔笛》中那段里程碑式的帕帕盖诺和帕帕盖娜两重唱，普契尼在《蝴蝶夫人》中的这段长达十几分钟的爱情两重唱，可说是歌剧史上的划时代杰作。倘若说，莫扎特的那段两重唱将最富诗意的爱情诉诸最世俗的欢乐；那么普契尼的这段两重唱则将最世俗的婚姻升华为诗意盎然的缠绵。这段两重唱的意境，一般歌唱家很难抵达。至今为止，唱得比较出色的，当数帕瓦罗蒂和萨瑟兰。帕瓦罗蒂特有的金属音质将一股阳刚之气注入男性的柔情蜜意，缠绵之中不失挺拔。萨瑟兰的优美圆润，清清亮亮地演绎了乔乔桑在众叛亲离逆境中的一往情深。相比之下，多明戈和弗雷妮的搭配就略逊一筹。多明戈的演唱与其说像个军官，不如说像个装腔作势的海盗。弗雷妮的嗓子虽然细腻隽永，但唱不出通常唯有萨瑟兰才能抵达的亮丽透明。而要演绎乔乔桑的咏叹，透明恐怕是最难而又最起码的要求。

能够在一部歌剧中达到这样的成就，已经非同寻常。普契尼的出类拔萃还在于，《蝴蝶夫人》第二幕的两场之间，写出了一段令人惊叹的幕间低吟。如果说威尔第在《阿依达》中的《凯旋进行曲》是歌剧史上的至刚结构，那么普契尼的这段幕间低吟则是至柔经典。这段低吟展示的宁静和幽深，在音乐史上，恐怕只有莫扎特《第二十一钢琴协奏曲》第二乐章、肖邦《第一钢琴协奏曲》第二乐章、贝多芬《第九交响乐》第三乐章、莫扎特《A大调单簧管协奏曲》第二乐章那样的绝响之作，才能与之相媲美。在令人伤心欲绝的悲剧结局降临之前，这段幽静的低吟，将转眼即至的自杀场面衬托得更加触目惊心。眼见舞台上那幕惨剧可能会感到震惊，回首这段低吟一定会禁不住泪如雨下。由此似乎可以窥见，在普契尼的内心深处，不仅蕴藏着像莫扎特和肖邦那样的深邃和宁静，还汹涌着如贝多芬那般纯真的温情。

普契尼歌剧的柔婉、楚楚动人是一种景观，刚烈凄恻是另一种意境。前者犹如樱花，后者则是带刺的玫瑰，比如《托斯卡》或者《图兰朵》。歌剧《托斯卡》的音乐主调，不带有丝毫明媚或者亮丽，而是决绝的冷冽，犹如寒夜的疾风，或如惨淡的月光。而全剧所有的冷色调，又都集中在女主角托斯卡的那首绝代咏叹《为艺术，为爱情》里，"我从未轻易伤害过任何生灵，一切的一切都只为艺术、也为爱情，啊！我上天的父啊，你为何却把我抛弃。"悲伤欲绝的泣诉，宛如一道从心底射向夜空的光束，哀哀地直指苍穹。正如托斯卡是全剧的重心所在，托斯卡的这曲咏叹，无论从整体音乐还是从剧情内涵上，都唱尽了该剧的审美意蕴。第一次听到卡拉斯咏叹专辑里的这段选曲，误以为这是托斯卡的临终诀别。作为一曲女高音咏叹，其经典无与伦比。但问题是，如此绝美的咏叹，理当放在该剧的最后一刻作为压轴打开，而不是放在剧情发展过程中作提前展示。相比于这曲咏叹的摄人魂魄，《托斯卡》的结尾显得不无草率。除非能再写出比《为艺术，为爱情》更凄美的咏叹，剧中有过那样的咏叹之后，结尾无论怎么竭尽全力，都不能不显得草率。事实上，托斯卡发现心上人真的被行刑队枪杀后，高叫一声便跳墙了，匆忙得令人不可思议。

同样是因为《为艺术，为爱情》太过耀眼，致使托斯卡和马里奥的两重唱

《图兰朵》剧照

《死的痛苦》显得黯淡无光。能够勉强匹配的，也许当数男主角马里奥的男高音咏叹《星光灿烂》。这首《星光灿烂》单独列出来无疑是上乘的男高音咏叹作品，但与《为艺术，为爱情》相较却还是难以等量齐观。能够与这曲女高音《为艺术，为爱情》并驾齐驱的男高音咏叹，唯有《图兰朵》中的《今夜无眠》。由王子卡拉夫唱出的男高音咏叹《今夜无眠》是《图兰朵》的绝唱。

"难以入眠！难以入眠！公主你想必同样如此，要在冰冷的闺房，焦急地翘首那因爱情和希望而闪烁的星光！秘密深藏于心，没人知道我的姓名。等到太阳照亮大地，亲吻你时我才对你说分明！我会用亲吻解开这个秘密，你将会爱上我，获得爱的甜蜜。黑夜啊，快快消逝；星星啊，别再闪烁，让黎明的曙光带给我胜利！"

爱的期盼和焦虑，经由一番优美典雅的跌宕起伏和上下翻飞，期间还伴之以柔柔的女声合唱过渡，最后，在夜空里绽放出一片由高音C所展示的金色的辉煌。这曲咏叹被誉为普契尼歌剧的巅峰作品，也是整个歌剧史上的一顶皇冠，所有男高音咏叹调中无可争议的第一。

有趣的是，正如托斯卡的咏叹让马里奥的男高音咏叹相形失色，《图兰朵》的男高音绝唱《今夜无眠》也同样让该剧由公主唱出的女高音变得像村姑一样乡野气十足。图兰朵公主那曲《祖先的屈辱》，在普契尼的著名女高音咏叹调里，只能叨陪末座。不知普契尼是否有意让图兰朵公主成为另一个阿依达，将该公主的咏叹写得过于高亢。乍一听，恍如瓦格纳《女武神在飞翔》的旋律。有必要如此的斗志昂扬么？东方公主有些骄横是可能的。但即便是麦当娜也有柔情蜜意的时刻，还曾唱过一曲让人动容的《阿根廷，别为我哭泣》；更何况古代东方宫廷里的一颗掌上明珠？由此可见，普契尼擅长写家常女子，一旦遇到公主之类便有些不知所措。这跟威尔第在《阿依达》里驾驭两国公主女高音咏叹调的轻车熟路正好相反。普契尼本意也许是想把图兰朵公主写得趾高气扬一些，结果却成了只要是中气充沛的女歌唱家都能胜任图兰朵公主的女高音咏叹，并且似乎力气越大就该越像公主。至于图兰朵公主和卡拉夫王子之间的问答两重唱，也因为公主的声乐形象过于单调弄得兴味索然。要是普契尼能够听到上海申曲《庵堂相会》里的那段盘夫对唱，或许会有所启发。即便是公主和王子，演唱没有点儿情趣，只是一味地突出公主高不可攀，也照样会让人听得哈欠连天。相形之下，《图兰朵》里三个弄臣的重唱倒是生趣盎然，甚至妙趣横生。

普契尼《图兰朵》追求波澜壮阔，似乎有点一比威尔第《阿依达》的意思。殊不知这样的尝试虽然颇具自我突破的可贵，但结果显示出来的却是误入歧途。由此也可以想象，当年莫扎特为什么中断《查蒂》的写作，还没等女主角从后宫里逃出，莫扎特自己先从剧中逃之夭夭。这可不是顽童偷懒，而是天才灵敏。不是人人都适合写宫廷故事，即便天才也不例外。人有其长，必有其短。在舞台上追求宏伟壮观，架构能力必不可少。普契尼长于婉约，短于架构。早在《托斯卡》中，普契尼就已经有过架构上的缺失：中间的咏叹过于灿烂，致使接下去的展开，处处捉襟见肘。尤其结尾，仓促得令人惊愕。这样的不足，到了《图兰朵》，简直是泛滥成灾。

不要说观众，就是普契尼本人，都未必弄清楚过究竟想在《图兰朵》里实现什么样的审美追求。若要说悲剧，结果却是公主王子连同国王百姓，皆大欢喜。若说是喜剧，又何以将柳儿写得那么悲苦？再说，将一幕喜剧建筑在无数求爱者的人头落地上，好像也不太协调。从结局的喜庆和弄臣们的调侃上看，该剧充满喜剧气氛；但男女高音的咏叹，包括柳儿的绝命咏叹在内，却是一片凄凄惨惨戚戚，哪里开心得起来？《图兰朵》的总体旋律空前优美，选择中国民歌《茉莉花》作主题，也完全合乎普契尼的婉约风格。但问题是，《茉莉花》的柔婉，到底体现在哪里？公主是硬邦邦的，柳儿是宁死不屈的，让卡拉夫王子唱出茉莉花式的柔婉，显然十分搞笑。结果，《茉莉花》旋律只好游移在整部歌剧之外。及至公主最后唱出王子的名字叫"爱"时，直让观众哭笑不得，这样的爱，宁可不要。一部《图兰朵》，最为丰硕的成果，只能说是《今夜无眠》。

《图兰朵》是普契尼没能完成的遗作。但真要说什么是普契尼的绝笔，应当是《今夜无眠》。相比于威尔第在《阿依达》中的巨大成功，《图兰朵》只能说是普契尼的小试牛刀。即便是不成熟的尝试，也给世人留下了一曲《今夜无眠》。纵观普契尼歌剧，其婉约风格的完美，已经在《波希米亚人》和《蝴蝶夫人》那样的剧中成功抵达了，更不用说普契尼留下的诸多咏叹。歌剧史上最辉煌的男高音咏叹，是普契尼的《今夜无眠》；最透明的女高音咏叹，是普契尼的《晴朗的一天》；最凄切的女高音咏叹，是普契尼的《为艺术，为爱情》；最深情的男高音咏叹，是普契尼的《冰凉的小手》；再加上最婉约的女声小合唱——《蝴蝶夫人》里的那段低吟，普契尼夫复何求？已然是最伟大的歌剧作曲家。而普契尼之于歌剧艺术的留恋，则可以在《图兰朵》中柳儿的绝命咏叹中找到："当东方朝霞初露之际，我将闭上疲惫的眼睛，长眠于九泉之下，再也看不见他！"

阿希尔·克劳德·德彪西（1862—1918）
月既不解饮，悦音随我身

音乐是热情洋溢的自由艺术，是室外的艺术，像自然那样无边无际，像风，像天空，像海洋。绝不能把音乐关在屋子里，成为学院派艺术。

——阿希尔·克劳德·德彪西

如果说生活是错综复杂的、冗长沉重的，我们始终需要一种安慰可以使我们那脆弱的灵魂得以宁静，那么，音乐便是通往灵魂的道路之一。音乐给了我们幻想，它汲取了生活的果实，而后把它酿成美酒，灌注到每一个音符里。我们享受着它的美妙，灵魂得以升华。尽管莫扎特的华丽与贝多芬的雄壮也令人难以舍弃，然而还是有太多人会为德彪西的抒情所倾倒。那旋律总能唤起影像，一颗又一颗的乐音都是那么美丽动人，多层构造的和弦宛如宝石般明亮闪耀。

阿希尔·克劳德·德彪西是法国著名作曲家，他开启了20世纪现代音乐的新篇章，被誉为"印象派音乐"代表人物。他曾说："我热爱音乐，因为我爱它，所以我要使它摆脱任何传统的束缚。"德彪西终其一生都在不断努力，使音乐避免公式化，获得自由。他的作品不再苛求于古典音乐的严谨结构，而是以细腻、富于变化的和声著称，这样的创作理念与当时新兴的印象画派不谋而合。在短短56年的生命中，德彪西创作了为数众多的经典曲目，例如歌剧《佩利亚斯与梅利桑德》、管弦乐曲《月光》《牧神午后前奏曲》《海》《夜曲》和钢琴曲《版画》，等等。

1862年，德彪西出生于巴黎郊区风景如画的枫丹白露附近一个平民家里。他父亲在那里开了一家专卖陶器、瓷器的铺子，由于生意不好，不久便倒闭，于是

月 光

《月光》乐谱

举家迁入巴黎市区生活。他父亲先在印刷厂里工作，后在一家铁路公司找到一份记账员的工作，靠一份微薄的工资维持一家六口的生计。

1870年，普法战争爆发，拿破仑三世战败投降。帝制被推翻，共和被恢复，国防政府成立。但由于国防政府无能，无法领导人民抵抗普鲁士军队的侵略。巴黎劳动人民成立了国民自卫军，并于次年3月18日成立了人类历史上第一个无产阶级政权——巴黎公社。德彪西的父亲不仅参加了国民自卫军，而且担任军官，参加起义。巴黎公社失败后，他父亲被捕入狱，并被判处四年徒刑。但服刑一年后，因改判为剥夺公民权四年，从而获释。他父亲的这种反叛精神是否曾对幼小的德彪西产生过影响，今天已无从查证。能够知道的是，他在成年后，对他父亲的这一段历史讳莫如深，从不提及。战乱期间，德彪西跟他怀孕的母亲、一个弟弟和一个妹妹寄居在家境富裕的姑妈家。他姑妈居住在法国南方的戛纳，这座位于蓝色海岸上的小城，风光绮丽。在那儿，他爱上了令人陶醉的大海，并受到钢琴的启蒙。他姑妈发现他有音乐天赋，就出钱给他请了一位钢琴老师。

回到巴黎后，街坊有位太太听他弹琴，他的天赋使这位太太大喜过望，自愿免费给他上钢琴课。这位太太就是后来著名象征派诗人魏伦的岳母。她自称认识肖邦，跟肖邦学过钢琴。德彪西最初的钢琴知识和对肖邦的了解就是从她那里得来的。也是在她的鼓励下，1873年，11岁的德彪西去报考法国著名的音乐学府——巴黎音乐学院。在报考的157位儿童中，33位有幸被录取，德彪西是其中之一。就这样，德彪西从11岁起便成了皇家巴黎音乐学院的学生。研究德彪西的专家经过调查发现，德彪西从未读过正规的公立小学。他的母亲脾气急躁，管教严格，犟头倔脑的德彪西小时候没有少挨母亲的巴掌。他会读书写字，全都是他母亲的功劳。他长大后知道自己受的教育不全面，所以读书非常勤奋，什么书都读，甚至读字典。他曾说："我非常喜欢读字典，我从中学到了许多有趣的东西。"

他在巴黎音乐学院陆陆续续读了12年。开始上钢琴课，同时上乐理和视听识谱课，然后是和声课、对位课、作曲课、即兴演奏课、管风琴课等等。这位小朋友在读书期间并不是个循规蹈矩的学生，而是个爱淘气、常迟到、丢三落四的学生。他对学院派的严格教育颇不以为然，常常有出格的行为和言论。钢琴老师让他弹奏训练指法和速度的练习曲，他偏去弹奏巴赫的曲子，而且一弹就是数个小时。虽然不听话，但他的钢琴老师对他还是赞赏有加。一年后，他的钢琴老师给他的评价是："可爱的孩子，真正的艺术家气质，将来是个杰出的音乐家，前途无量。"他最不喜欢的是和声课，他做和声练习时常常出格，不按照老师教的和声规则去做，而是别出心裁，创造出一些巧妙、优美动听的和声效果。为此，他常受到老师的责备。但他跟老师还是保持着良好的关系，尊重老师。有时老师在课后把他留下，当他的面修改他的和声作业，很客气地对他说："显然，这样不太正统，但很巧妙。"在巴黎音乐学院的同学中，德彪西由于机灵和睿智，说的话有时会令人忍俊不禁，在学校里传为笑谈或佳话。有一次在钢琴即兴课上，老师塞萨·弗朗克对正在即兴演奏的德彪西大声地说："转调！转调！"他却不急不忙地对老师说："为什么转调呀？我弹得正开心呐。"又有一次，他的作曲课老师吉罗先生评论他的作曲练习时说："我不是说你写的东西不漂亮，不过从理论上来说是荒谬的。"德彪西回答说："理论是不存在的。您只要听就是了。悦耳就是法则。"他的独到见解和与众不同的行为，显露出了挑战传统的锋芒。还有一次，他竟然当着全班同学的面，坐到钢琴面前，模仿公共马车在大街上驶过的吱吱嘎嘎声，同学们听得目瞪口呆。他对同学们说："听和弦而不问和弦的来历和特征，你们做不到，是吗？和弦哪里来的？向哪里发展？非要知道不可吗？你们听着，这就够了。如果你们听不懂，你们就到院长那里去对他说，我糟蹋了你们的耳朵。"

服从耳朵，而不是服从规则。这就是德彪西做学生时对巴黎音乐学院的教学方法提出的挑战，这也是他审美的基础。也就是从那时起，一个印象主义音乐大师已经开始登场了。

20世纪上半叶，法国向世界推出的现代作曲家中居于首位的就是德彪西，他开拓了前人未知的音乐天地，取得了后人为之叹服的艺术成就。在他的音乐中所表现出的才气，使许多与他同时代的音乐家明白了音乐创作的含义，并从中吸取到了发展、成熟的养料。

德彪西的大多数作品中都闪烁着他那独特个性的光辉，也包容了他对人间一切美好事物由衷的赞颂。这一方面，他不像瓦格纳那样犹如见过地狱之火的恐怖、压抑，也不像布鲁克纳那样用音乐来表现他对天堂的向往。德彪西追求的是存在于人间的、在他看来美妙如璧的东西。的确，在德彪西的作品中时常都有神秘主义的出现，但并没有怪诞出奇，而是充满了新颖与人情味的气息。

1889年，巴黎举办了一次规模庞大的博览会。展品来自世界各地，各种各样的参展物品分别代表了不同国家的文化背景与风俗人情，巴黎人从中大开眼界，真正领悟到了异国情调的魅力。德彪西就是这些受益的巴黎人之一。德彪西很早就表现出了对新鲜事物的好奇心。在日常生活中，他不愿模仿别人的生活方式循规蹈矩、人云亦云，在音乐创作上更是追求标新立异、超凡脱俗。对于新颖的音乐风格，德彪西常常是耐心地进行分析、研究，以求从中提炼出能被自己所用的素材。此次博览会上，东方各国民间音乐的表演犹如万花筒一般变化多姿、色彩斑斓，其吸引力对于德彪西来说是无法抗拒的，他已完全被东方音乐的独特气质所融化。在这里，他如同获得了一座蕴藏着丰富音乐资源的宝库，印尼音乐中的音阶、乐器、表演方式是那样与众不同；印度音乐中的无穷变化反映出他们悠久的文明史和超乎寻常的音乐感知；中国音乐里的特殊神韵是其民族精神博大精深的一种表现。德彪西从这里看到了音乐发展的新天地，也悟出了音乐艺术发展应多姿多彩的道理。

　　巴黎博览会对德彪西的影响很快便在他的作品中逐步显示出来。首先，德彪西在创作中大胆地使用了具有东方音乐味道的五声音阶，管弦乐作品《海》、钢琴作品《意象》中的"金鱼"等都可当作他运用五声音阶的成功范例。尤其是后一首作品的创作，德彪西是根据自己观看博览会上展出的日本漆器，从那异国情调的绘画工艺中获得美感而写成的，因而，更具有东方艺术的气息。其次，德彪西在东方各国的音乐表演中发现了异国乐器所具有的特殊魅力。作为非常关注音色变化的作曲家，德彪西对乐器在音色方面所具有的表现力要求很高，而大多数东方乐器在这一方面都令他满意，如印尼乐器中的排琴、弦乐器列巴布都具有丰富的音乐表现力。德彪西从这类乐器的表现中，看到了自己使用西方传统乐器时的不足，并找到了弥补这种不足的方法。此外，对东方各国的乐器组合方式德彪西也进行了一番研究，从中发现东方音乐中乐器个性的表现是形成音乐风格的一个重要原因。突出乐器的个性，充分发挥某一类或某一件乐器的表现力，是与西方传统音乐中规范性配器原则有区别的，而这一区别又恰恰迎合了德彪西与传统决裂、寻求新的配器原则的思路。因而，德彪西欣然接受了这种独特的乐器组织原则，并将其自然地运用在了自己的创作中，产生出了在人们听来近乎神秘的音响效果。

　　德彪西的神秘主义除表现在音乐作品的形式上以外，也表现在音乐作品的内涵中，其中表现之一就是音乐作品的标题。在德彪西的音乐世界里，作品的奇特标题与音乐是有联系的。假如将德彪西的钢琴作品《意象》中各段的标题去掉，虽仍是优秀的纯音乐作品，但作曲家在音乐中所要表达的以及音乐中所蕴藏着的丰富含义将会受到很大损失，人们也许不能体味到音乐中的精髓。

　　德彪西选定标题的方法与前人大多不同。例如，人们在理查·施特劳斯的《梯尔·艾伦斯皮格尔的恶作剧》和穆索尔斯基的《图画展览会》的作品标题中很容易意识到作曲家在音乐中所要表达的故事情节或感情变迁，其中的情绪感染多于视觉性的想象。而德彪西的音乐作品标题绝大多数都是象征性的，是以视觉性语言来表达音乐的内涵，与前人有着本质的区别。贝多芬的《田园交响曲》虽

德彪西故居

是以视觉性标题命名，但音乐却是建立在对感情的呼唤上，对鸟鸣和暴风雨的描写应该说是一种带有感情色彩的叙述，并非是对现实情景的描写。德彪西的音乐作品标题与此不同，它点明了音乐中对景物进行视觉性描写时的种种意象，它被允许在各种不同情况下做各种暗示或略带含蓄的表露，从而给人留下了视觉形象重于情感叙述的印象。如钢琴作品《水中倒影》这一标题，很可能使人联想起自然景物在特殊情况下的特定状态，联想起对这种特定状态的视觉印象，至于情绪因素这时常常是被忽略的。这种视觉性标题是德彪西神秘主义的表现之一，也是对作品内涵的提示，使人们对音乐内涵有了理解的基础。

德彪西在创作上极为认真严苛。他的《佩利亚与梅丽桑德》前后写了有10年之久，每一细节绝不敷衍，这种精致此前只有贝多芬等人做得到。也正因为如此，德彪西在形式上的贡献有了一出出作品作为强有力的依据，让他的对手与敌人无话可说。从文本上看，德彪西从不以大小调为主，节奏变化多端，和声的部分异于他人，对极端音区的挖掘极富个性。他的创作是许多既有音乐形式的终结，这种终结为未来开辟了道路。

德彪西音乐作品中的神秘色彩是当时欧洲艺术领域内出现的一种新思潮的反映。今天看来，德彪西对音乐的贡献重要的不在于写出了法国味道的作品，而是作为古典与现代之间的桥梁，他昭示了现代主义作曲家登场的最早的光芒。许多现代主义作曲家都声称德彪西是他们的导师。那个午夜说话的幽灵克劳德先生，被当作了现代作曲之父。

在为人上，德彪西有着如猫的性格，孤独而又多情。在举止上，他是一位矛盾重重的人，讲话含糊，口齿不清，能控制自己的行为，却不能控制自己的感情。这些是造成他的音乐中模糊调性的原因吗？显然，正是这种矛盾性使他拥有了这份音乐的敏感性，让他追求音乐中新的和声和微妙的离调。

作为艺术家，德彪西是描述大自然的诗人，他并不只描绘眼睛看到的，而是通过感情体会后再表达出来；他希望自己是一位画家，他关注浮云和海浪，尽力在音乐中将它们的朦胧和流动的特质表现出来；他知道他的音乐需要文学基础，于是，波德莱尔成为法国文学新时代真正的先驱者。接着，这个时代造就了克劳德·德彪西音乐的辉煌。

德彪西偏爱和声，一切都以和弦为始终。以擅长和声表达的钢琴音乐正是他施展和声技法的最佳途径，相对于其他乐器，唯有钢琴才能独立地实现意在暗示无调的调性游移。模糊调性，一种像在大小调之间犹豫不决的、在调之间徘徊的感觉，正是德彪西和声的特点。

从矛盾的人到擅长模糊调性的艺术家，说是回避现实也好，梦的反映也好，德彪西的音乐为我们的感官增添了精美而独特的和声听觉。德彪西的敢于尝试和大胆革新，为20世纪早期的音乐开启了一扇大门。

如果说生活是错综复杂的、冗长沉重的，我们始终需要一种安慰可以使我们那脆弱的灵魂得以宁静，那么，音乐便是通往灵魂的道路之一。音乐给了我们幻想，它汲取了生活的果实，而后把它酿成美酒，灌注到每一个音符里。我们享受着它的美妙，灵魂得以升华。尽管莫扎特的华丽与贝多芬的雄壮也令人难以舍弃，然而还是有太多人会为德彪西的抒情所倾倒。那旋律总能唤起影像，一颗又一颗的乐音都是那么美丽动人，多层构造的和弦宛如宝石般明亮闪耀。

我们在其自由而独特的作品里，重新相信我们的感官。一座耳朵里的色彩王国，这或许就是德彪西所带给我们的吧。